PARENTING:THE POWER TO ACCEPT

接纳力

海文颖 著

電子工業出版社
Publishing House of Electronics Industry
北京·BEIJING

图书在版编目（CIP）数据

接纳力 / 海文颖著 .—北京：电子工业出版社，2016.2
ISBN 978-7-121-27894-5

Ⅰ . ①接… Ⅱ . ①海… Ⅲ . ①家庭教育 Ⅳ . ① G78

中国版本图书馆 CIP 数据核字（2015）第 302508 号

出版统筹：李朝晖　　责任编辑：潘　炜
文字编辑：任婷婷　　责任校对：杜　皎
营销编辑：胡　晔
印　　刷：河北迅捷佳彩印刷有限公司
装　　订：河北迅捷佳彩印刷有限公司
出版发行：电子工业出版社
　　　　　北京市海淀区万寿路 173 信箱　　邮编：100036
开　　本：720×1000　1/16　　印张：13.25　　字数：150 千字
版　　次：2016 年 2 月第 1 版
印　　次：2023 年 4 月第23次印刷
定　　价：49.00 元

凡所购买电子工业出版社图书有缺损问题，请向购买书店调换。若书店缺售，请与本社发行部联系，联系及邮购电话：（010）88254888。

质量投诉请发邮件至 zlts@phei.com.cn，盗版侵权举报请发邮件至 dbqq@phei.com.cn。

服务热线：（010）88258888。

让我们的孩子成熟、自由、绽放于爱与善良之中！

让我们的家庭成为温暖、和谐、充满爱的归宿！

目 录
Contents

接纳力

养育孩子的过程中，大家面临的问题都差不多……问题本身从来不是问题，应对问题的态度和方法才是。当我们拥有越来越强的接纳力时，我们会不经意间发现，孩子也拥有了能让自己持续幸福的能力，即幸福力。幸福力的呈现是：我很好，你也很好，我们大家都很好。

倾听

如同我们提升接纳力是为了成就孩子的幸福力一样，我们练习倾听的主要动机是为了建立亲密的亲子关系，通过倾听给孩子充分的安全感。

共情

共情是人本主义创始人罗杰斯提出的心理学术语，是指一种能设身处地体验他人处境，从而达到感受和理解他人情感的能力。当我们自己有负面情绪时，倾听和共情自己才能让我们恢复心力、超越自恋，转而倾听、共情孩子，并对孩子展现出我们的接纳。

划界限

养育孩子是一个逐步放手的过程，父母需要得体地退出。怎样做到得体？在孩子练习做自己领地主人的时候，守在一旁陪伴和支持孩子，欣赏地注视着孩子逐步将他自己的意识充满他的领地，这便是得体。

立规则

划界限和立规则是相辅相成的。划界限的目的是保证每个人充分拥有自己的领地，立规则是在界限清晰的基础上，为了保证人在社会中的共同利益而约定事情该怎样做，或者什么事情不能做。

我信息

“我信息”是一种表达方式，不伤害别人又能清晰地表达自己的现状、想法、感受、需要。在夫妻关系中，常用“我信息”能够真正营造一种亲密、和谐的夫妻关系。在育儿当中，常用“我信息”会让孩子了解父母的心意和需求，能引发孩子自觉的合作。

与父母和解

要和父母发展出人性化关系，需要靠我们自己。倾听、共情父母，能让我们主动看到父母的感受，理解父母的境遇；划界限、立规则能够让我们切断对父母的抱怨和指责，活好当下的自己；我信息则能协助我们表达自己，让父母了解我们。

体验接纳的力量

接纳是一种力量，如同大地对万物的接纳，能够让万物按照自己的节奏去成长。当我们拥有接纳力时，便能够让孩子感受到他们足够好，有能力做他们想做的事情。

自　序

因为接纳，所以幸福

多年前我被外派到青岛负责公司一个最大的项目，做实施经理。由于此项目关系到公司生死存亡，几乎所有公司优质资源都可以归我调配。这天，我回京汇报工作，去餐厅吃午餐，端着餐盘经过盛饭的地方，一位正在低头盛饭的男同事打了个激灵，他抬眼一看，带着敬畏说："哦，原来是海总回来了！我说气场这么大！"

确实，那个时候的我，走路都是一阵风，办事雷厉风行，言必行，行必果，想和我较劲儿，你试试！那一年我二十九岁。

现在的我，拥有了一份深刻的接纳力，每天温柔和顺，内心平静，有着淡淡的幸福感。在家里，我俨然是一位慈祥的母亲和温良的妻子，居然愿意顺从老公，相夫教子；在外面，从容而笃定，仍然很有力量，却再也不用张狂。

这一切是怎么发生的？

一切，都是因为有了孩子！

如果你想养育出一个幸福、快乐、有自信的孩子，同时依然活出自己生命的绽放，并拥有温暖、和谐、充满爱的家庭，那么这里有一条路，成千上万的爸爸妈妈们走在上面，我只是其中一位。今天伏案笔耕，是因为我笃定地相信有缘看到这本书的你，也可以经由这条路，成就孩子一生的幸福，同时成就自己完整的一生！

十三年前，我是一个高效干练、目中无人、眼里只有事的职场精英，内心充满了斗志，但同时也很焦躁。我忙于一个接着一个的项目，生下龙儿只哺乳了五个月，便给儿子断奶回岗位了。我不是一个焦虑的妈妈，因为我的责任心还毫无保留地倾注在工作上。我没有看过任何育儿书籍，也没听过任何专家讲座，一切凭本心、凭本性育儿。只要和他在一起，我便陪着他爬、陪着他钻桌子，我觉得自己完全了解他的喜怒哀乐，也完全知道如何应对。

直到有一天，两岁的龙儿忽然拿着金箍棒把客厅矮柜上的东西全部扫落在地上。老公一声大喝，我呆立现场，看着儿子惊恐的眼神，却不敢过去安抚他，怕老公说我慈母败儿。

后来，我在美国芝加哥出差时，看到《How to Talk So Kids Will Listen and Listen So Kids Will Talk》，我才知道爱不需要理由，但需要方法。

第一阶段是启蒙：原来教育孩子需要先教育自己

进入执拗期的儿子激发了我的求知欲。我聚集一群妈妈成立了“Howto读书会”，Howto 代表方法，我们在一起分享正确的育儿理念和方法，希望将爱正确地传递给孩子。

那段时间，我还频繁地组织各种专家讲座。犹记得，一位爸爸在讲座后追着专家提问：“难道我看着儿子搭积木搭得很幼稚，不该示范给他怎样可以搭得更好吗？”

我隐约记得专家当时反问道：“你可以搭得更好对孩子成长有意义吗？”专家的解释大约是这样的：育儿先育己，父母在教育孩子前先要教育自己，要学习，要明白儿童成长的规律，给孩子留出足够的成长空间。

实际上，当时我并不理解专家的回答，心中也存着和那位爸爸一样的疑惑。难道我不能如武林的传功大法一样，直接把我的人生经验和智慧传给孩子，让他站在我的肩膀上更好成长吗？

大约听了八次不同专家的讲座后，我渐渐明白：孩子生本具足，有他自己的智慧。孩子需要人生经验，那也该是他自己亲历和体验之后的经验。孩子做得足够多，自己就能做得足够好。父母的角色更多是陪伴、支持、教练和引导。父母需要倾听孩子，让他说出自己的感受。孩子的感受好，他的行为才会好。孩子的成长有敏感期，“小儿科”的事需要留给孩子自己做。孩子的成长需要浪费时间，要允许孩子有发呆的时间，容得他慢慢创造一个完整的自己。我明白了有一种爱以放手为目的……

可是，知道了这些，是远远不够的。毕竟，所有的育儿理念和方法需要通过我的认同和内化才能得以践行。

怎样内化？怎样做到？

“越给越有”是我为自己找到的方法！

我不断地做着公益分享，像模像样、有章有法地分享自己认同的育儿理念和方法。尽管，在生活中，我掌握的育儿方法，如同段誉的六脉神剑，忽而好用，忽而就发挥不出来了，我还是会时不时地将意志强加于儿子身上，有时会替儿子答话，甚至也想让他按照我的方法去搭积木……

用比较正向的说法来总结这一段：我就像一个尚未学会飞却已经开始努力向人间播撒爱了的天使。

这个时候，我执着地认为想让孩子成为什么样的人，自己先要成为什么样的人。我想让孩子今后懂得沟通，善解人意，那么我自己应该先做到。这期间，我对老公有许多苛责，认为他不看育儿书籍，不听育儿讲座，对待孩子的方法和态度不够正确、不够到位。所以，我们的家庭氛围中隐隐有些不和谐的地方。

第二阶段是拂尘：及时清理情绪，恢复清亮的自己

我很努力地做着好妈妈，既然我知道在什么场景下应该以什么姿态对孩子说怎样的话，可以让孩子的自由天性得以保护，我便力求自己做到正确、到位。

终于有一天，我发现生活根本不是我努力迈上一个台阶，就在这个台阶站住了，童话里说的"从此就过上了幸福的生活"真的仅仅是一个童话。我能够做到一次正确，却不能做到次次正确。生活在琐事中行进着，一个七日接着一个七日。我只是一个普通人而已，除了妈妈这个角色，我还有很多其他角色，我也有喜怒悲欢。当我某一天在工作上压力大或者不顺心时，我就很难一如既往地温和对待孩子。我切身体会到，妈妈如果不能先接纳自己的情绪，恐怕很难去接纳孩子的情绪。为了理解和梳理妈妈们的情绪和感受，我甚至写了职场妈妈心灵成长小说《我要做个好妈妈》。

我逐渐正视自己也是一个普通得不能再普通的人，当我有负面情绪的时候，便如我心蒙尘，常常无法看见孩子，哪里还能顾及是否伤害了他。

幸好有 Howto 读书会的陪伴，我能时时关照自己的情绪。我发起的 Howto 读书会，后来发展为浩途家庭俱乐部，纯粹是为了支持包括我在内的会员而做，因为没打算去获得任何外界的认可，所以每次在升级俱乐部模式时，没有一点儿虚妄，只问是否能更有效地支持我们这些父母们自身的成长。

为了更有效地彼此陪伴、成长，我们决定逐一共修倾听、共情、划界限、立规则、我信息、信任、欣赏、尊重、合作、自律、感染、接纳这十二个主题。这样的主题渐进排序是汇聚我们自身成功做到接纳的点滴经验得出。

认真倾听孩子，将会令我们充分了解孩子，和他更加亲密无间。孩子的喜怒哀乐需要被父母理解和共情，当我们陪伴孩子哭泣后，常会发现孩子焕然一新重新充满了力量。在孩子逐步长大的过程中，我们需要划界限，分清哪些是孩子要负责的事，哪些是父母要解决的问题，这样才能更好地支持孩子逐渐独立。比如：吃饭、喝水、写作业都是孩子自己需要做到的事，不需要父母包办。当然，我们也需要和孩子确立规则，让他知道如何在规则中获得真正的自由；当我们发自内心地信任孩子，欣赏他，尊重他，孩子将会更愿意和我们乃至外界合作；我们通过自律，以身作则去感染和影响孩子，真正允许和接纳每个人做独特的自己，我们的孩子才能一步步走向成熟、自由，一天天绽放于爱与善良之中。

知道和能够做到并能够长期做到还是很有距离的。

每周一次的沙龙，让我有机会将自己这一周的挫败、怨恨、无措等感受释放，恢复一个清亮的自己，一点点、一步步践行，努力缩减知道和做到之间的距离。这个阶段，就好像六祖的大师兄说的，要时时勤拂拭，勿使惹尘埃。

我开始在沙龙中养育自己，温柔地对待自己。这期间，我逐渐把能量全部收回到自身了，几乎不怎么操心儿子的事了，也不怎么关注老公对儿子的教育方式了。我不指责老公，不操心儿子的时候，发现人家活得挺自在的。

只因为，我若安好，便是晴天。

第三阶段是拆台：让自己的生命绽放，还孩子生命的自由

在周复一周的沙龙中，听不同人的故事，我逐渐发现有的人会被某句话所伤，而自己却不会。反之，自己会被伤害的地方，别人却可能无所谓。

这是为什么？

某一天，我灵光乍现，忽然被六祖说的话重重地敲击了一下：“菩提本无树，明镜亦非台。本来无一物，何处惹尘埃。”

因为每个人有“台”的地方不一样，惹尘埃的地方也就不同。

记得我坐月子的时候，住在婆婆家，我的好朋友来看我。婆婆很热心地招呼她进我的卧室。一看被子没叠，婆婆便手脚麻利地帮我叠被子，同时嘴里唠叨着：“我这儿媳就是懒，从来起床不叠被子，整个一大小姐！”婆婆离屋后，朋友大跌眼镜地说：“你婆婆怎么这样说你？当着我面数落你，你怎么也不生气？”

我吃惊地望着我的朋友说：“她在数落我吗？我没觉得呀。”

因为我这里没有“台”，所以没地方落尘埃。

我清静的心看到的是婆婆热心招呼我的朋友，还帮我叠被子。如果我对“懒”“大小姐”这样的“尘埃”有“台”，即将这些词理解成对我的攻击，是说我不好，我恐怕很难不做出反击的回应。

情绪如尘埃，如果没能随风飘走，而是沉积下来，便说明这里有“台”。如果尘埃太厚，台会被淹没，这时候便只知道有情绪，不知道为什么会有情绪了。

领悟到这一点后，我开始留意情绪给我的信号。我把每个信号都视为礼物，究其原因，然后根除。每拆台一个，我便多了一份自由！比如，类似“你倒是快些呀！”这种催促，曾经总能激怒我，因为这让我觉得自己无能。无能是个“台”，而这不期而来引发我怒意的催促则是尘埃。“允许”是拆台的有效办法。当我允许自己无能时，这个“台”便拆掉了，我便可以平静地面对催促了。静定生慧，我便能生发智慧心，知道当下该怎样做了。

记得有一次龙儿和我约好楼下见，我姗姗来迟。龙儿一见面就不耐烦地说：“你怎么这么慢！”我坦然承认道：“我是挺慢的。”然后，我特理解地对他说：“因为妈妈下楼的节奏和你预期的不符，所以你生气了。”他点点头。我继续说：“挺正常的，当一件事和人的预期不符时，人是会生气的。”这句话说完，我看到龙儿的肩头松了下来，他对自己的行为释然了，对我的情绪也释放了。

我没有因为他对我不耐烦而批评他的态度。因为知道自己拆台的辛苦，我越来越不愿意给孩子“筑台”了。如果我说“不就多等了两分钟吗？急啥？妈妈养你这么大，等个几分钟你就不耐烦了？”，这就是在给孩子“筑台”，今后他会为自己有负面情绪而觉得自己不够好。

我的做法，也以身示范了儿子如何面对别人的不耐烦。

养育好自己，便懂得了如何养育好孩子。那是一种生命对生命的理解和怜惜。专注于自身的“拆台”不过一年，我就发现我的心胸容量骤然扩大了，我真的能够做到不按某种要求和条件去接受和理解一个人了。这时候，我在“接纳力”方面获得了质的提升，很容易理解老公、他人，还有世间的各种不易，心灵自由而柔顺，幸福感满溢而出。

推荐序一

育儿就是育己的过程

冉乃彦

我们的“家庭中早期自我教育研究”课题组，对家长的自我教育做了一些探索，但总觉得缺乏系统的长期的落地研究。最近看到海文颖老师新作《接纳力》的书稿，我如获至宝。一口气逐字逐句读完，我感到这将是推动家长自我教育的一本好书。书中那些丰富、真实的案例，很多正体现了自我教育的四个环节：自我认识、自我要求、自我践行和自我评价。在这里，我看到了自我教育研究的方向，我深信书中所提倡的一些理念和方法，能够引导家长们更好地自我成长。

该书有一个重要思想贡献——明确指出了成人自我教育和孩子自我教育之间的极大不同。的确，孩子的自我教育是他的天性，成人只需要尊重和相信他，提供条件，激发和引导他。成人修得接纳力的过程则和孩子完全不同，成人要靠“拂尘”“拆台”获得接纳力，因为有很多成见和垃圾需要清理。

海老师巧妙地把西方的心理学知识和东方的禅学结合起来。书中每章后面都有小结与家长要完成的功课，读者在阅读的过程中，可以同时进行实践体验，我相信这有助于大家取得更明显的进步。

这本书引人入胜的还有两点：一是用各种类型的大量案例来说明“道”，写清楚了家长的彷徨、困惑、欣喜等曲折的心路历程，让人感动，使人信服。二是作者以女性特有的细腻笔法，叙述了她和她的朋友们、学员们不一样的曲折成长过程，让人读起来觉得这些朋友好像就在身旁，不由得也想和他们以心相交——这可能就是本书将继续起到的重要的辐射作用。

（冉乃彦，著名教育专家，北京教育科学研究院副研究员，中国教育学会自我教育学术委员会副主任，长期从事家庭教育、自我教育研究，著有《家庭中的自我教育》《真正的教育是自我教育》等多部著作。）

推荐序二

接纳自己，接纳孩子

贺乐凡

反复阅读《接纳力》书稿，我深深感受到了文颖写作此书的诚意。书中的许多观点新颖且具有启发性。例如：教育孩子需先教育自己；孩子也是家长的老师，家长和孩子要教学相长；养育孩子是一个逐步放手的过程，父母要得体地退出；家庭教育，以接纳为本，接纳孩子，也接纳自己……

这些观点是作者从丰富的资料和大量的案例中抽象概括出来的，它们反映了浩途家庭俱乐部众多家长的心声，凝聚了作者对孩子和家长们的爱心，这些观点对家庭教育具有重要的指导意义。

家庭教育是以亲情为依托的教育，《接纳力》全书中充满了以爱育人的思想和激情。我是带着情感阅读书稿的，边读边有所感。亲子关系中，谁是关系的主导面？孩子是不成熟的主体，他不可能主导亲子关系的走向。父母是成熟的主体，家庭教育往哪个方向走，是压制还是疏导，是灌输还是启发，是他教还是自教等等，都取决于父母的理性思考。

我在做提高学生自我教育的研究及撰写课题成果《自我教育——教育的至高境界》一书时提到，在中小学课程改革中，既要发挥学生的主体作用，也要发挥教师的主导作用，其关键是要解决师生互动问题，正确处理师生关系。我深以为：家庭教育的关键是正确处理父母与子女的互动关系。

激励孩子自我教育，是家长的神圣职责。而家长如何进行自我教育，则是一个新课题。本书中论及的倾听、共情、划界限、立规则、我信息是家长自我教育的重要方法，接纳力则是自我教育的结果。

应作者之邀，写了以上一些话，谨与读者共享。

（贺乐凡，著名教育专家，北京教育学院教授，中国教育学会理事，享受国务院特别津贴。著有《普通学校校长的管理与培养》《中小学校长的培训与管理》等多部著作，曾主持完成多项国家重要课题。）

推荐序三

悟道比谋术更重要

关　颖

我以社会学视角研究家庭教育二十余年，一个基本主张是，家庭教育有两个基本点：一是以孩子为本，尊重和保护儿童的权利；二是以家长为主体，提高自身的教育素质。因为从根本上说，家庭教育就是大人与孩子之间的互动，亲子互动则是其中的核心成分。

以这一视角来看《接纳力》，我有这样几点基本认识：其一，“接纳力”是人的一种能力，接纳的对象无论是孩子还是自己，都是独立的个体，彼此不可替代。而接纳力的成功获得，始终贯穿着尊重，收获的是大人与孩子的共同成长、共同幸福。其二，实践感悟与理论思考是相通的，“倾听”“共情”是尊重孩子参与的权利；“划界限”是父母的角色定位；“立规则”“我信息”所体现的是承认孩子是发展的主体，给孩子自我管理、充分表达的空间。

我的另一个主张是，成功的家庭教育首先是家长的自我教育，家长是解决自己孩子问题的“专家”。如文颖所言，“养育好自己，便懂得了如何养育好孩子”。家长自我教育仅靠个体的力量，很难把握方向和可持续，发展自组织则是大势所趋。文颖恰恰是从一位普通母亲成长起来的父母自组织的创办人，她走过的路、她的实践经验，与我的思考又是不谋而合。文颖的浩途家庭俱乐部告诉我们：“每个人只能而且也有能力自助成长。”

家庭教育是有规律可循的，“悟道”比“谋术”更重要；家庭教育有法又无定法，当父母面对自己孩子的时候靠的是自我感悟与理性升华——《接纳力》这本书便是最好的证明。愿《接纳力》启发和帮助更多的父母提升“接纳力”，在与孩子共同成长中成就全家人的幸福！

（关颖，天津社会科学院社会学所研究员，中国社会学会家庭社会学专业委员会副会长，长期致力于用社会学视角研究家庭教育，学术代表作为《家庭教育社会学》。）

推荐序四

接纳力，成就孩子一生幸福的起点

姚　越

生命本来就是圆满的，你看到了吗？你允许它如是发生吗？你有接纳力吗？

我关注生命教育多年，一直梦想让每个人都找到自己的心灵家园。成立心灵家园基金，初衷也是为此。《接纳力》这本书实际上正是文颖及其团队，不断提升自我心灵质地的过程，也是行走在这条路上的父母们共创的成果。书中的案例带着蓬勃的生命力，鲜活真实，指向共同的方向：接纳是根本！而如何做到接纳，又有步骤可循。

接纳力，代表了对每个生命深深的尊重。我很认同接纳力对生命教育的意义。如书中大量实例所证：一切的发生都是来成就你生命的！请对生命说 OK，允许自己不完美。允许自己，才能清空内心，生发出爱；允许孩子，才能够让他们体会到生命的完整，更愿意接纳和拥抱外在世界。

在我看来，接纳既是接纳力修炼的终点，也是活出自己生命绽放的起点，更是成就孩子一生幸福的起点。很多父母是因为有了孩子而踏上自我成长之路的，因为对孩子的爱，父母有了莫大的内在动力和勇气来回溯自己的生命历程。海文颖曾经在职场所向披靡，身穿盔甲而不自知，是孩子拨动了她母性的温柔，使她开始了向内探索的旅程。我很欣赏她的真实，也很钦佩她的坚持！

她可以，你也可以！我和海文颖交流的过程中得知她有更大的宏愿，想将浩途创造的自助成长小组模式奉献给社会，这也是我们的基金会愿意支持的方向，相信浩途模式会让更多家庭受益！

这本书就是一粒种子，我祈愿读者也在自己心中种下这样一粒“允许”的种子，尊重自己生命的每个阶段，也允许孩子在生命中生发出更多的可能性和创造力。

（姚越，中国妇女发展基金会心灵家园基金发起人，2005 年度优秀女企业家，2010 年“两岸三地”最具创新力女企业家，2012 年度“两岸三地”爱心企业家，长期关注“生命教育”实践。）

推荐序五

接纳自己，丰盈自己

应　光

认识文颖女士可以追溯到 2012 年，她作为浩途家庭俱乐部创始人走进了我的视野。我欣赏她的理性干练，更赞叹其断舍离的勇气。能在繁华之处转身，需要的不仅是勇气，更多的是底气。

我们都认同这样的理念——家长们可以彼此支持，越给越有，共同提升育儿育己的能力。文颖做浩途的初心，就是让我们的孩子成熟、自由、绽放于爱与善良之中，让我们的家庭成为温暖、和谐、充满爱的归宿。她相信，只有引发人的自我教育、自助成长、自身的内在唤醒才是根本。因此浩途集九年之力，探出了一条自助成长小组的模式，发愿像狮子会、Toastmaster 一样成为百年俱乐部，长久地支持父母的自助成长。

关于家长如何自助成长，文颖女士根据浩途九年实践提炼出了很多途径。读她的文字，就像我们在咖啡馆面对面，她那特立独行的风格会扑面而来，语言真实亲切，视角独特深刻，其中的案例丰富灵动且有画面感，令人不忍释卷。从全球商务分析师到家庭俱乐部创业者的转型，使得她常常能道出超越同侪的见识。

没有学习欲望的组织和没有学习动力的家长，注定是一个“留级生”。我们真的需要思考，如何打造一个学习型家庭，真正助力孩子的成长。当然，仅有满腔的学习欲望，没有正确的学习方法，也是徒劳无功。我想这本书的价值也就在于此。我们不知道未来是什么，但我们知道未来已经到来，我们必须向未知的未来学习。自助成长，正是一个共创未来的过程。

我更推荐丈夫和妻子一起阅读，并尝试文颖女士诚挚的建议。这本书是众多家庭教育图书中一朵独特的火花，您若有幸被其点燃，将能改变自己，充分享受当下生活的丰盈和满足。

（应光，新东方家庭教育研究与指导中心主任。她认为父母只有先点亮自己，才能照亮孩子的星空，从而成就家庭的幸福。）

接纳力

养育孩子的过程中，大家面临的问题都差不多……问题本身从来不是问题，应对问题的态度和方法才是。当我们拥有越来越强的接纳力时，我们会不经意间发现，孩子也拥有了能让自己持续幸福的能力，即幸福力。幸福力的呈现是：我很好，你也很好，我们大家都很好。

接纳是一门有魔力的学问

接纳力是一种能力！人人都可以拥有它，同时还可以不断地提升它。接纳力是一种能让自己持续扩大心胸容量，逐渐能不按某一种要求和条件去接受和理解一个人的能力。

回想起我们宽大的手掌第一次抱着刚出生的婴儿，那种无条件的爱和接纳，便是接纳力的起点。接纳力是一种能让自己持续扩大心胸容量，逐渐能不按某一种要求和条件去接受和理解一个人的能力。

父母的接纳力呈现为虚、弱、柔，如坤为大地，接纳万物。

柔：温和而坚定

弱：从示弱到真弱

虚：给孩子空间

柔：温和而坚定

“柔”是指具有接纳力的父母，在说话的时候用不着带着情绪，用不着以势压人，温和而坚定地表达自己的期待和要求就好了。

在我的经验中，虚、弱、柔这三个字，我第一个做到的是“柔”。

回想起来，虽然当时我的呈现方式是“柔”，但内心还是相当用力的。那时候，龙儿大约三四岁的样子。我和大多数有责任心的妈妈一样，总想着周末要让孩子多接触些各种人文环境，尤其生活在北京，这个城市有着博大精深的文化底蕴，所以浩途俱乐部组织了行走博物馆的活动。会员们基本都办了北京博物馆的通票，每两周去一个博物馆。我每次都很温和而坚定地跟龙儿说，这周我们该去博物馆了。他每次都跟我去了，但是去了之后，他从来都不跟着讲解员走，总喜欢跟在那些孩子们身后疯跑，我的一番苦心都付诸东流了。

在龙儿大约五岁的时候，俱乐部承办了公司的家庭日，其中有一个项目是儿童跳蚤市场。我自认为是很尊重儿童的，当时专门辟出来一个区域，只允许孩子进去，游戏规则是每个孩子进卖场时需要拿十块钱买一个摊位，然后按号摆摊，所有的交易都由孩子自主发生。但是好多父母们在区域外，仍然探着头指手画脚："妞妞，你不是喜欢那种芭比娃娃吗，快去和姐姐议议价。""不要拿你的跟他换，那样你就吃亏了……"我是不屑于犯这种错误的，我事先在家里和龙儿整理出了他要卖的玩具，并且做好了标签，我觉得这是对他财商的培养。

没想到，到了跳蚤市场，离卖场就一线之隔，龙儿却坐在自己的玩具包上，死活不肯进去。当时同事问我是不是特别没面子。是啊，那个活动是我组织的，大庭广众之下，我儿子就是不进去。他不哭不闹，只是用我对待他的方式对待了我，很温和而坚定地坐在那里。我一点儿办法都没有。

在做到"柔"的过程中，我有三点体会：一是内心用力代表了我还是只愿意接受某一种结果；二是无论如何，做到"柔"，至少给了孩子反抗和反叛的空间，同时也逼迫我扩大心胸格局，接受和理解预期之外的结果；三是我如何对待孩子，孩子便会如何对待我。我很庆幸，我对他够"柔"。

弱：从示弱到真弱

"弱"是指具有接纳力的父母，用不着在孩子面前逞强，更愿意自己处于弱势，让孩子有更多的机会展现自己的力量。

示弱是我一直都会的。龙儿三岁的时候，我带他去超市，有时候我们买了一大桶的油，我就会说：“宝贝儿，你是小男子汉，妈妈拎不动，需要你帮忙。”他会一路拎着那个大桶回到家去。

像这种示弱，我很轻易就能做到。为培养他的男子汉气质，我往后撤一撤而已。我并不觉得我真弱。

但是，有一天，我承认自己是“真弱”了。

当时龙儿刚上小学一年级。一年级家长都懂得，在头一个月，老师会给家长布置作业。龙儿所在学校安排孩子们先学儿歌，通过阅读儿歌不断认字，几乎每天晚上我接到的作业都是指读儿歌。

也许是在职场中凡事求果的习惯，我直接默认指读儿歌的目的就是要把儿歌中的字都认识了。所以我会在指读完后，随机抽查龙儿，看他脱离儿歌是否还能记住字。有一句儿歌是“小白兔记性差”，每次我单点“差”字，他就记不起来这个字念啥了。发现问题，那就解决问题！这点儿事怎么可能难倒我？我制作了字卡，一个字一张卡，并在卡的背面标上了分值。我在“差”这个字卡背后写上了最大的分值99。然后打乱字卡，让龙儿认字。每次看到“差”这个字，他就兴奋地说：“这是那个分值最大的字！”我说：“对呀，是什么字，怎么念？”他却摇摇头说：“不记得了。”

我当时气得简直想拿头撞墙去。我站起身，推开门，走到露台上，狠狠地将足球踢到了墙上。我觉得自己很无能，用了一个晚上竟然没有办法让他记住这个字！过了一小会儿，龙儿跟了出来，站在我身边，小声嘟囔了句：“你才记性差呢。”

很奇怪，他这么一嘟囔，我一下子清醒了过来。我平和地对龙儿说：“不关你的事，妈妈需要独自待一会儿。你收拾书包准备睡觉吧，今天的作业就做到这里了。”

我开始独自在露台溜达，问自己：难道孩子长到十岁、二十岁，还会不认识这个“差”字吗？不可能吧。那就是说教会他认识这个字的人可能不是我。

我承认我没有能力在今晚教会孩子认这个字。这么一想的时候，我完全放松了下来。在夜深人静的露台上，我竟然听到了虫鸣声、风吹树叶的沙沙声。那一刻，月光倾泻下来，我想起了张文亮老师《牵一只蜗牛去散步》那首诗。

上帝给我一个任务，

叫我牵一只蜗牛去散步。

我不能走太快。

蜗牛已经尽力爬，为何每次却总是那么一点点？

我催它，我唬它，我责备它。

蜗牛用抱歉的眼光看着我，

仿佛在说：“人家已经尽力了嘛！”

我拉它，我扯它，甚至想踢它。

蜗牛受了伤，

它流着汗，喘着气，继续往前爬……

真奇怪，为什么上帝叫我牵一只蜗牛去散步？

“上帝啊！为什么？”

天上一片安静。

“唉！也许上帝抓蜗牛去了！”

好吧！松手吧！

上帝都不管了，我还管什么？

让蜗牛往前爬，我在后面生闷气。

咦？我闻到花香，原来这边还有个花园。

我感受到微风，

原来夜里的微风这么温柔。

慢着！我听到鸟叫，我听到虫鸣，

我看到满天的星斗多亮丽！

咦？我以前怎么没有这般细腻的体会？

我忽然想起来了，莫非我弄错了？

是上帝叫一只蜗牛牵我去散步。

我承认了我是真弱，我不懂儿子的生命密码，我不知道他长成他自己会是什么样子，我不知道在他的生命中会有怎样的际遇、有多少贵人相助……也许就像这首诗里隐喻的，上帝是让我在陪伴孩子成长的过程中，更加懂得自己，领略生命的精彩，而不是真的教会孩子什么。

后来我与语文老师通了电话，老师说："只是请家长指读，没有要求一定要记住字。日积月累孩子会自然记住的，不用刻意。"这再一次印证了我的领悟，我不过是孩子成长过程中的一个环境而已。孩子终将靠他的力量整合他所遇到的资源和际遇长成他自己。

虚：给孩子空间

"虚"是指具有接纳力的父母，愿意给孩子自由、自主成长的空间。空间是否给够，特别容易验证。只需要看孩子做事情，在父母面前和不在父母面前表现是否一致。表现一致就说明这个方面给的空间足够，孩子已经习得了相应的行为准则，不用避讳父母就可以自如地为事情负责。

一位日本儿科医生，不管对待多小的孩子，他都选择信任孩子能够自律。有一个两岁的孩子特别爱喝奶，由于他对牛奶过敏，每次喝奶都会浑身长奶癣。孩子的妈妈无法劝阻孩子停止喝奶，急得不得了，求助于这位著名的医生。这位医生蹲下身来，直视着孩子的双眼，温和地对孩子说："为了你的身体健康，你可以做到的。"孩子缓缓地点了点头。果然，之后孩子就不喝奶了。

这位医生当得起这个"虚"字，在这份虚空里，主旋律是信任和放手。

龙儿小学三年级开始独立坐公交车上下学，中间还需要换乘，单程需要四十分钟。如果我开车送他上学单程需要十五分钟左右。哪个更合适呢？当然是他自己上下学合适了。那四十分钟路程，每天都会有不同的事情发生，他在和社会交融中，会获得丰富的给养，不知不觉就成长了。而我需要教导他的是过马路等行为规则和如何与陌生人打交道等注意事项。

"虚、弱、柔"中，"虚"是最难做到的。

就算我能放手让孩子上下学，我却做不到让孩子自由地玩电子游戏。龙儿六岁的时候，亲戚家的一位姐姐到我家小住，龙儿得空便偷偷拿这位姐姐的手机玩游戏。有一次，他玩得专注，听到我的声音时来不及收手，一慌张，手机掉落在地上。那位姐姐觉得好笑，说了句："没想到龙儿还挺怕妈妈的。"

通常在某个地方无法给予孩子足够的空间，必定是因为背后有一份我们基于人生经验或者信念而生发的恐惧。比如，不让孩子玩 iPad 或者看电视，可能是因为担心影响视力，可能是因为担心快速的图像转换破坏孩子思维能力的养成，可能是因为担心孩子养不成好的学习习惯。要直面背后的恐惧，将其坦然陈述出来，让孩子明白父母的良苦用心，这样才能因地制宜地给孩子创造出一个稳定的成长空间。我们的目标是相信在这个空间里，孩子可以自律，我们可以放手。

那位姐姐的感慨引发了我的反思。我想将这种“怕”的力量转化为孩子自律的力量。享受自由的前提是孩子内化了行为准则。我坦然告知龙儿不让他玩电子游戏的原因，并告知他在十二岁之后可以拥有自己的 iPad。

十三岁的龙儿现在玩 iPad 的时候，肯定会在客厅里找一个舒舒服服的位置很惬意地玩，他不会躲着我，他已经习得了如何为自己的视力和时间负责。

父母的接纳力可以成就孩子的幸福力

个人幸福力、人际幸福力、群体幸福力是一层一层逐步发展起来的。我很好，我才可能发自内心不带羡慕嫉妒恨地说你也很好；而我和身边的你都很好，我会很容易看到周围世界的真善美，我会自觉自愿地为了维护世界的美好付出自己的一份力量，这便是群体幸福力了。

哪个父母不希望孩子幸福呢？从孩子一出生，父母们就快乐着他的快乐，伤心着他的伤心，从衣食住行到操心孩子握笔姿势，盯着孩子写作业，一次次的择校乃至高考报志愿……还不是希望孩子一生顺风顺水、幸福快乐？

父母之心毋庸置疑，只是这种拼力气的做法，费力不一定讨好。你越掏心掏肺，孩子越习惯让你为他的人生负责，可是你能负责多久呢？能负责他一辈子，给他养老送终吗？

记得有个心理访谈类的电视节目，有位老父亲由于妻子过世早，独自一人将儿子拉扯大，供儿子上了大学，娶了媳妇。他希望抱个孙子，儿子却要他承诺负责孙子的奶粉钱及今后上学的学费开销等，因为是给他生孙子！

儿子能被养成这样，实属奇葩。但是究其原因，长期以来父亲占据了不断给予及掌控的位置，儿子只好站在不断索取和抗拒掌控的位置。

在一个家庭里，父母有充分的优势占据自己喜欢的位置，孩子是被动的，抢不过父母的，除非父母先出让有利于孩子成长的位置，孩子才有可能逐渐长成自己。所以，父母的虚、弱、柔相当重要。

本节我将主要用自己的例子，让大家先看到我的接纳力成就孩子幸福力的状态。

养育孩子的过程中，大家面临的问题都差不多，孩子考试成绩不行怎么办？孩子在人际关系中被人欺负怎么办？如果父母不告诉孩子要做个有品德的人，孩子会不会太自私了？……问题本身从来不是问题，应对问题的态度和方法才是。以我的例子来讲，当我拥有越来越强的接纳力，越来越虚、弱、柔的时候，我惊诧地发现龙儿已经长得很好。如他小学班主任所说，他和谁都相处得很好，他拥有了一种能让自己持续幸福的能力，即幸福力。幸福力的呈现是：我很好，你也很好，我们大家都很好。

我很好，即拥有个人幸福力

龙儿确实自我感觉很好。

小学三年级，龙儿英语期末考试 60 分。拿到成绩单后，他很开心地告诉我说："妈妈，我太幸运了，英语考了 60 分。"

我"哦"了一声之后，好奇地问道："你们班最高分多少分呀？"他答："98 分。"我更好奇了，问道："你考了 60 分，看起来很高兴？"他说："是啊，幸好老师判错了一道题，要不然我就只有 58 分，就不及格了。那样的话，开学还得补考呢，整个假期都得想着这件事。"

我乐了，同意他真的很幸运。

小学四年级，龙儿期末考试英语得了 69 分，他有些小得意地告诉我："妈妈，我的英语考了 69 分呢，是全班成绩提高幅度最大的！我厉害吧。"我好奇地问道："你们班最高分多少分？"他答："才 96 分。几乎所有人的成绩都下降了，这次考题难。"

我点点头说："你真的很厉害。"

小学五年级，龙儿期末考试英语得了 90 分，他兴致勃勃地跑到我面前说：“妈妈，我有史以来第一次英语考这么高分，我可太有运气了！我们老师说了，小升初的时候，平时成绩只看五年级的期末成绩。”

我瞪大眼睛，同样兴奋地说：“这样呀！你可真是赚了！”

以上的例子，可以看出龙儿已经习惯性地自我感觉良好。而这就是幸福力的基石：无论何种境遇，他都会觉得自己足够好。这种个人幸福力种植在孩子身上，谁都拿不走，会跟随他一辈子，是他终身幸福的保证。

现在他上初中了，校规严苛。有一天他回来得很晚，我问：“你今天怎么晚回来了一个小时？”他说：“我们小组有一位同学昨天的作业没补完，全组都得留下，直到他补完才可以走。”我有些为他打抱不平：“啊，你们学校还搞连坐呢？”龙儿却呵呵一乐说：“也挺好的，等他的时候我把今天的作业都做完了。现在可以玩了！”

他的正面心理能力越来越强。有一次，他回来说：“今天我可惨呢，上体育课站姿不够标准，还和同学说话，结果两罪并罚，被罚做了五十个俯卧撑。”我心说，你也有觉得惨的时候，还没开口，他又接着说：“不过，我发现我体力还挺好的，臂力还挺强的。”得，他已经没事了。

我很欣慰龙儿的正面心理能力，凡事能看到积极的一面。我从未教过他这样做。我只是做到了接纳，不管他考分高低，成绩几何，我都能理解和接受他这个人，然后他便长出了属于他个人的幸福力。

回想起来，实际上，龙儿的天性并不比别的孩子更乐观。反之，他天性比较敏感、谨慎。一岁多带他出门，我们会随身带一小壶水，不管天气多热，他绝对会把最后一口水留到进家门之前才喝完。三岁的时候我带他去游泳，所有小朋友都在水里扑腾，他却一直坐在游泳池边，无论我和其他成人如何引诱，他就是不肯下水。等到所有孩子上岸要走的时候，他才决定下水尝试。六岁入小学，他上课时眼睛很少看老师，手里常会不停地玩着橡皮之类的……

由此看来，无论孩子的天性是否积极乐观，妈妈足够接纳，就足以让孩子从内心生发出个人幸福力，觉得自己足够好。

你也很好，即拥有人际幸福力

男孩子的世界充满了争斗，就像我们常常看电视剧里的带头大哥，哪个不是靠拳头智谋打出来的天下呢。

如果你的家里有一个天性温和、沉静的儿子，你会不会担心他受人欺负呢？我是有担心的。三岁左右的龙儿在和小朋友玩的时候，有次被咬伤了。我在家和他情景演练了半天，假装我要攻击他，让他阻挡我，大声喊出“不可以”；然后互换角色，假装他来攻击我，我自保。我告诉龙儿，真的能够随身保护他的是他自己。

从他四岁起，我目睹和陪伴着他在男孩子群里的挣扎，直到他发展出自己的为人准则。

四岁大约是孩子进入社交敏感期的时候。四岁之前孩子会更倾向于每次和一个好朋友玩耍，而四岁之后，孩子逐渐愿意并享受在同一时间和多个人一起玩耍了。

龙儿四岁的时候升入幼儿园大班。他的大班同学的年龄从四岁到六岁不等。在男孩当中，龙儿当时年龄最小。他们班里五岁半的冉冉身高力大，已经成为大班园的实质性老大，有一群跟随者。还有将近六岁的靖西，年龄最大，但是不善用拳头说话，相对独来独往。

我很感恩龙儿进入这样一个群体，我认为家长需要感谢一切给我们孩子挫折的人和事，因为在应对挫折中孩子才能获得扎实的幸福力。

这是龙儿和冉冉之间的故事。

一个零食日，小龙儿回来说："我把零食都给冉冉了。"零食日是指每个孩子可以把零食带到幼儿园，互相分享的日子。

我听了，"哦"了一声。

龙儿继续说："他一直和我要，后来我要进餐厅吃饭了，就全给他了。反正我再吃零食就吃不下饭了，而且也要坐班车回家了。"

"哦。"我心里想，还挺智慧的嘛。

一次，我给龙儿买了一组四个的饮料，包装是奥特曼形状的。龙儿带着一个去幼儿园了，没有带回来。晚上，他指着家里的三个奥特曼对我说："现在冉冉家也有一个了。"

我问："哦？你怎么知道的？"

龙儿耸耸肩，说："因为我送给他了。"

我平静地接了句："这样啊。"

龙儿说："他先是抢走了我的，后来我跟他说，回家的时候我送给他，他当时就还给我了。"

我想，够聪明，反正龙儿只需要在幼儿园能玩到这个奥特曼就可以了，家里还有三个呢。

一天，龙儿的小书包不能用了，我给他背了一个公司发的包，很是特别。我去接班车的时候，龙儿一跳下车就对我说："冉冉用我的包去装了石块和木头！"他用强烈的声调表明了自己的不快。

我惊讶地问："这么新的包用来装了石头和木头？"

龙儿说："就是，搞得可脏呢，你看都是土！"

我没表露任何情绪，说："回去洗洗吧。"我观察着龙儿的表情，心里做着思想斗争，不知需不需要给龙儿做主。看见龙儿表情平静，我也就没再说什么。

回家把包洗干晾干之后，龙儿再也不肯背这个包到幼儿园了。我想，也罢，至少这也是一种选择。

……

点点滴滴，我看着龙儿用智慧保护着自己不受伤害，直到那次……

第二天就是“六一儿童节”了。龙儿回来对我说：“今天我得了一只虫子，可是冉冉非要向我要。”

“然后呢？”我问。

“我就给他了。”

“哦。”我以为龙儿像以前那样，心想只要他自己能够承受，我就别多嘴了。

过了一小会儿。龙儿头没抬，继续玩着手里的玩具，对我说：“妈妈，你去给我打冉冉吧！”

我有些惊讶：“哦？你很生气？”

“对。”龙儿说：“他为什么总爱要别人的东西呢？”

“人们看到自己没有别人有的东西，可能都会想要别人的东西吧。”

龙儿看了我一眼，追问：“你也想吗？”

我说：“我也想要。但是我能克制住，我知道那不是我的东西。”

龙儿点点头说：“我也能克制住，但是为什么他就不能呢！”

“是啊。我们能够克制自己的欲望，遵守规则，获得属于自己的东西，也肯定能够保护属于自己的东西。”我抱了抱儿子的肩膀，传递了一份力量。

当天我给老师打了个电话，问了一下情况。幼儿园主班老师这样讲述：当时是在后院，男孩们都围着龙儿，劝他把虫子给冉冉。有人说：“龙儿，你就把虫子给冉冉吧，你要给了他虫子，我就把河里所有的虫子都送给你。”有人说：“龙儿，你给了冉冉虫子，我就给你叠个大大的纸飞机，世界上最大的！”别的小朋友也纷纷表态，让龙儿把虫子送给冉冉。在这种压力下，龙儿表情木然，没说同意也没说不同意，只是张开了紧握着虫子的手，冉冉便伸手拿走了虫子。显而易见，龙儿不情愿，但是也顶不住这种群体的压力。

主班老师说请示了园长之后给予了这样的评价：“龙儿在这种情况下，都没有心理力量说不，说明家长的育儿方式需要调整，要给龙儿以心理力量。”很有意思的是，听到园长的这番评论，我觉察到我也是表情木然，没有说同意也没说不同意。

当晚，我查了《耶鲁育儿宝典》，发现上面写着当一个孩子在受群体欺负时，最好的方法就是不要过分反应，既不要大哭大叫，也不要表示屈从，因为这两种反应都会吸引别人再次欺负你。哇，龙儿居然选用了最正确、最能够保护自己的方法。

也许因为母子连心，我能够感受到龙儿的感受，我知道他很痛苦。6 月 1 日，龙儿对我说：“妈妈，我觉得谁都会抢我的虫子。”我马上意识到，事情不能再等了。我必须出手帮助龙儿了，我不能让他处在“受害者”的感觉中不能自拔。不管他面对的群体多么强，我也要制造一个机会让他感受到在这个群体面前，是可以有别的选择的！

开始行动！

按照职业素养，先给相关人员打电话，让大家理解现在的情形和要做的事情。我先和老公沟通，龙儿爸支持我的观点，再给主班老师打电话，然后还和冉冉的家长进行了沟通。

我的计划是：用一个漂亮的瓶子，装上几个漂亮的虫子，然后隆重地送到幼儿园，送给龙儿，并附上一封信，写明虫子不可以转送他人，并请老师当众（主要是当着冉冉）宣读这封信。目的是让龙儿能够把虫子平安地带回来。让他感受到不送给别人，没有什么可怕的事情会发生！

6月5日，事情如期如愿发生了。当接到老师电话说冉冉到校了以后，我立刻草书了一封信，落款为“天上的小龙儿”。大意是因为我们都是小龙儿，所以我送给你这些虫子，条件是不可以转送其他人。同时龙儿爸则去捉虫子。紧锣密鼓之下，龙儿终于在幼儿园户外活动结束之前，收到了信及透明瓶子里装的虫子。老师当众宣读了这封信。那天龙儿的状态好极了。不仅保护了瓶子里现有的虫子，还把新捉的虫子也都放了进去，全部带回来了。

晚上，当我看到龙儿时，我一时不知该怎样表示，于是说了一声：“嗨。”

龙儿脸上喜滋滋的，他瞄我一眼说道：“我收到虫子了。”然后又加了一句，“都收到了，还有信！”

“哦。”我心里琢磨着也不知道他知不知道我背后做的工作。

这时候，龙儿说：“我挺喜欢你写的那封信的。”

“啊？”我禁不住笑了，“呵，你知道是我写的呀。”

龙儿接着说：“我也喜欢爸爸捉的虫子。”

我乐了：“你也知道是爸爸捉的虫子呀！”

得，这个智慧的小家伙，什么都瞒不过他的法眼。看到他幸福的样子，我心想还好，这个忙没有帮过头。

6月8日，龙儿带回了很多虫子，在家里的露台上建了一个“虫子游乐园”。

我好奇地问道：“怎么捉了这么多虫子？”

龙儿说：“别人帮我捉的。”

我说："谁呀？"

龙儿说了好几个小朋友的名字，我一听，这几个人平时都是冉冉的兵呀。我只是静静地听着，没做任何评论。

龙儿继续说着："因为虫子会跳，我一个人捉不住，所以他们就帮我了。他们都知道，我真的很喜欢各种虫子。"

我心里好高兴，事情终于向正向循环发展了。

回顾龙儿的幼儿园生活，我只出手过这么一次。我做的其他事，不过就是每天陪他玩至少二十分钟罢了。

冉冉和靖西陆续上小学离开幼儿园，五岁多的龙儿成为了幼儿园里的老大。显然靖西的温文尔雅是他所认同的，而冉冉的影响力也是他所向往的。据幼儿园老师反映，他和其他几个大一些的小朋友们创造了一个新的规则，即谁创造的游戏听谁的。他们经常这样交流：我创造的游戏很好，你的也很好。他们在游戏中发展出了欣赏、自律和合作。

零到六岁就像人生的一个浓缩，其间发展出的人际社交能力，会为孩子今后的发展奠定深厚的基础。后来，龙儿上小学的时候，每个月班级都会指定一个大人物。大人物需要站在讲台上讲述我喜欢什么等等，等演讲完毕，所有自认为是他朋友愿意支持他达成梦想的同学可以站在他的身后一起拍张照片。我看到龙儿做大人物的那次，他们班所有男生全部站在了他的背后。

他身上似乎有磁铁，总会有些孩子聚拢在他身边。我带他去游学的时候，有些比他小五六岁的孩子莫名其妙地会坐在他腿上，应该是觉得很安全、被吸引，很愿意和龙儿哥哥玩吧。这种人际磁铁就是人际幸福力的展现。

同样，父母不以某一种条件和要求来衡量孩子的社交，才能更好地感知孩子何时需要怎样的支持。接纳孩子在社交中可能吃亏、可能不爽，并感恩一切带给他挫折的人和事，这样的态度能够帮助父母们沉静下来，看清楚孩子的成长轨迹，适度出手，帮助孩子发展出人际幸福力。

我们大家都很好，即拥有群体幸福力

个人幸福力、人际幸福力、群体幸福力是一层一层逐步发展起来的。我很好，我才可能发自内心不带羡慕嫉妒恨地说你也很好；而我和身边的你都很好，我会很容易看到周围世界的真善美，我会自觉自愿地为了维护世界的美好付出自己的一份力量，同时不觉得受害，不觉得非要得到谁的表彰和认可，只是因为我想做便做了，这便是群体幸福力了。扪心自问，我们成人有几个能达到这个境界呢？

龙儿上小学四年级的时候，班主任老师打电话给我，特意嘉许他，说他品德高尚。我在电话这边都蒙了，不知道发生了什么事情才配得上这个词。

事情是这样的，小学生们下午有一顿加餐。当天的加餐是面包和酸奶，有一个男生说酸奶好喝、面包太难吃了。他说完后，所有男生都不吃面包了，他们开始玩起了面包大战，像扔雪球一样互相投掷面包，玩得不亦乐乎，直到老师把他们喝止。

所有男孩都被拎到办公室去受训，结果发现全班唯一没有扔面包的男生就是龙儿。班主任老师觉得小小年纪，能够不人云亦云，表明自己的立场，太不简单了，所以特意打电话过来进行表彰。

我听了也很高兴。等到放学，龙儿回来后，我问他："听说今天你们班所有男孩都扔面包玩，只有你没有这样做？"龙儿笑呵呵地说："哦，他们都扔面包的时候，我就拿面包筐到处接，就像玩游戏，鸡蛋掉下来我拿筐接一样，挺好玩的。"

他轻松而开心地讲述着当时的场景，我听了却很震惊。如果我们大人做了一件道德高尚的事，通常会鄙夷别人，觉得别人不怎么样，都在做错的事，只有我在做正确的事。而在龙儿的描述中，他没觉得自己比别人高，他和大家在一起。

我追问了句："那你为什么不扔呢？"

龙儿说："那不是太浪费粮食了吗？"

果然如老师所说，他是有自己的行事原则的。我很佩服他，既做了他愿意做的事，表明了他的立场，同时没有给别人带来任何不快，没有让别人觉得自己不够好。太厉害了！

龙儿今年十三岁，他对这世界的善意已经远远超出了我的纯度。

有一段时间，对门邻居将房子分租给好几家租户，经常在门口堆放垃圾袋。有一次，门口放的垃圾袋破了，里面的垃圾散落出来，影响了我的观感，我很生气地用脚将那些垃圾踢回到邻居家门口，嘴里嘟囔着抱怨了几句。龙儿跟在我身后，轻声说了句："这下难度加大了，他们想扔下去的时候需要再去拿个垃圾袋重新套一下。"他的话语中没有指责，只是客观地描述事实，而且里面有一种对他人的关怀。我听了，立刻清醒过来，没有再做其他过激行为。

所以，我深知，龙儿的群体幸福力是他自己生长出来的，也许我在他发展出个人幸福力和人际幸福力的时候起了一些作用，但是，他的群体幸福力却和我没什么关系了。龙儿屡次得"校级三好学生""最美少年"等荣誉，这是外界对他行事准则的嘉许。

幸福力是一种能让自己持续幸福的能力，长在孩子身上，谁都拿不走。我们无法陪伴孩子的一生，但是幸福力可以！

接纳力和幸福力相伴而行

拥有接纳力的成人必然会成为拥有持久幸福力的成人。一个具有接纳力的成人，他的幸福感不会随外界的境遇而改变，他拥有无论什么境遇都能让自己获得幸福的能力。同时，拥有幸福力的孩子也必然会逐渐拥有接纳力，在悦纳自己的成长过程中，孩子会逐渐理解和接纳生活。接纳力和幸福力相伴而行，最终将成就亲子两代人的生命绽放！

南非前总统曼德拉就是一个有接纳力和幸福力的人。曼德拉曾领导南非人民做非暴力斗争，曾经历长达二十七年的"监狱生涯"。他在获释时坦言："当我走出囚室迈向通往自由的监狱大门时，我已经清楚，自己若不能把痛苦与怨恨留在身后，那么其实我仍在狱中。"他的接纳力和幸福力可见一斑，由于具有接纳力，他的幸福感才不会随外界的境遇而改变，也不打算被外界影响。他拥有无论什么境遇中都能让自己获得幸福的能力。

在他担任总统期间，有一次，当工作人员开启电脑时，电脑屏幕上的曼德拉头像竟逐渐变成了"大猩猩"。全国警察总监和公安部长闻之勃然大怒，南非人民也因之义愤填膺。消息传到曼德拉的耳朵里，他反而非常平静，对这件事并不"过分在意"，他说："我的尊严并不会因此而受到损害。"几天后，在参加南非地方选举投票时，当投票站的工作人员例行公事地看着曼德拉身份证上的照片与其本人对照时，曼德拉慈祥地一笑："你看我像大猩猩吗？"这一句逗得在场的人笑得合不拢嘴。不久，在南非东部农村地区一所新建学校的竣工典礼上，曼德拉不无幽默地对孩子们说："看到你们有这样的好学校，连大猩猩都十分高兴。"话音刚落，数百名孩子笑得前仰后合，曼德拉也会心地笑了。巧用别人对自己的恶作剧，反用幽默活跃气氛，这是曼德拉博大胸怀的自然写照，再次体现了他的接纳力和幸福力。

我们可以扪心自问，做个自测看看自己的幸福指数。

一天当中你有百分之多少的时间会觉得

A. 我很好；

B. 你也很好；

C. 我们大家都很好。

我记得中央电视台曾在某个年底对大众做调研，测试幸福指数。老王得到年终奖，拿到了一万块钱，出来特别开心，幸福指数暴涨。过了一会儿，他听说小李得到的年终奖比他还多，心里不平衡了，觉得自己资历老、干活多、很多经验是他传递给小李的，怎么可能小李的年终奖反而高过自己？这时候一测试，他的幸福指数就暴跌。实际上他手里还是那一万块钱，没有多也没有少。可见，当幸福感依靠别人的认可，或者通过与别人的比较而获得时，很不牢靠，随时可能烟消云散。

在生孩子前，我的幸福感主要来源于工作上的成就。在职场上打拼多年，我如“盔甲战士”般东征西战，看到的都是“我不够好，你不够好，我们大家都需要继续提升和改进的地方”。工作上的成绩所带来的短暂幸福感，很快便被下一个挑战淹没，我一直都在证明自己足够好的过程中。

后来，为了成就孩子的幸福力，我开始不断提升自己的接纳力。最初我是以孩子是否能获得终生的幸福为判断标准的，并没有考虑过自己。意外之喜，却是我自己幸福力的提升。从接纳孩子开始，我逐渐悦纳自己，理解老公，看周围的人、事、物也觉得都美好了起来。现在我的幸福感由内而外地生发，每天早上起来嘴角向上翘着，内心平静，有着淡淡的幸福感，这已经是生活的常态。超值了！我本为成就孩子，却同时成就了自己。

在自己修得接纳力的过程中，我深深体悟到成人修得接纳力的过程和孩子完全不同。成人要靠“拂尘”与“拆台”获得接纳力，是因为成人有很多成见和垃圾需要清理。而孩子习得接纳力的过程则完全相反，如同吃进的食物需要在腹中慢慢消化一样，他经历一件事情，有了情绪、感受，有了把实际事物转化为意识的漫长的心理过程，一点一滴地逐步消解，由认知进行整合，然后接纳了，他才会越来越宽广地接纳生活中发生的一切。

儿童教育专家孙瑞雪在《完整地成长》中表述过：

“对于成人来说，教是一种快速有效地让孩子知道结果的方式。成人难以忍受历程的漫长……所以直接把认知的结果告诉孩子。”比如：孩子玩积木，如果你直接告诉他应该怎么玩，就是直接让孩子进入认知。这样做的结果，“一定是不仅会影响儿童的心理和创造自我意识的过程，同时也一定会影响他的认知发展，也会将他的生命搁浅在心理或是认知的层面”。“对于儿童来讲，他对世界、对自己的接纳，首先要经历感觉和心理，然后才流向认知的程序。这个过程才是对的。而不是直接跳跃到认知层面。”

“教育的历程是一个自我创造的历程，自我创造的历程需要足够的时间。不是老师讲解过程，告诉答案；而是老师设计情景和事件，让孩子自己感觉，自己转化，自己提取，自己整合。这个过程一定是缓慢的。”

我们的虚、弱、柔，提供和保护了孩子最需要的自我创造的时间和空间。成长是需要浪费时间的。慢就是快，当孩子亲历了把经验的碎片整合成认知的过程，他就会习得用极快的速度厘清不同人、事、物的状态，并以接纳的态度面对真实的世界。

孙瑞雪老师的书中提到一个例子：一个十三岁的女孩听到一个五岁的男孩被他妈妈训斥了，男孩满脸的愤怒、难过、内疚，女孩用手摸着男孩的背说：“我知道你非常生气，非常难过……但妈妈就是这样子的，你要接纳她。”

我在家里遇到一个性质相同的例子：有一次天气转凉，龙儿没有及时添加衣服，龙儿爸便生气地训斥龙儿，怪他不知冷暖、不听话、不注意保护身体……当时只有十岁的龙儿脸色很不好，我用手去抚摸了下龙儿的背，尚未说出任何安慰的话，龙儿已经开口说道：“爸爸总是用骂人的方式关心人。”我听了，特别感动。这是一种基于对情境的准确把握和理解基础上的接纳，这种接纳不代表认同，不代表喜欢，只是对真实的看到和接受。孩子的接纳力在一点点长成。

有接纳力的父母一定会养育出有接纳力的孩子，不是因为身教胜于言传的缘故，而是因为他们会允许孩子按照自己的生命节奏慢慢生长，在不被评判不被打断的生长过程中，孩子的生命状态有个基础的色彩就是觉得自己足够好，在这样基本的幸福状态中，孩子不需要防御外界的评判，更能够敞开心扉，充分感知自己和外界的互动，通过感觉、转化、提取、整合，最终达成对外界的理解和接纳。父母的接纳力成就了孩子的幸福力，而孩子的幸福力又成就了孩子的接纳力，接纳力和幸福力相伴而行，最终成就了亲子两代人的生命绽放！

接纳力可以自助修炼

拥有接纳力，育儿将变成一个轻松、丰盛的过程。如何获得接纳力？做好倾听、共情、划界限、立规则、我信息。

当我说自己经由“拆台”获得接纳力的时候，有点儿像在说我吃了第三个烧饼吃饱了。实际上，前面的两个烧饼也很重要。首先要扫盲，要有育儿育己知识的铺垫，其次要拂尘，尘埃掸去才能看到“台”，之后才是“拆台”，获得一份心灵的自由和空间，增加一份接纳力。

本书主要针对已经完成扫盲阶段的父母们，深知育儿先育己，也已经知道很多正确的育儿理念和方法，甚至听过很多讲座，上过很多课程，只是苦于知道却不能做到，或者不是总能做到。本书重点讲述如何“拂尘”和“拆台”。

如在自序中所述，浩途家庭俱乐部纯粹是为包括我在内的会员们自身成长而做。自2006年成立以来，千余名父母通过每周沙龙在一起互相支持、携手前行，趟出了一条走向接纳的自助成长之路，见下页图示。

这十二个主题分为五个台阶，其中的倾听和共情做的是“拂尘”的工作，而“划界限、立规则、我信息”做的是“拆台”的工作。踏踏实实走完这两个台阶，即可获得接纳力。上面三个台阶包含信任、欣赏、尊重、合作、自律、感染、接纳的这七个主题属于活出接纳力的范畴。

本书将重点讲述如何获得接纳力，具体则分为倾听、共情、划界限、立规则、我信息等章节。

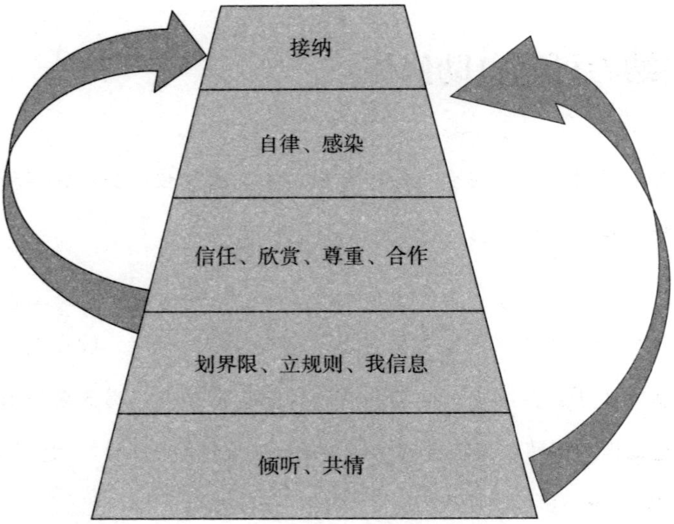

摘自《浩途家庭俱乐部会员手册》

其他主题将在下一本书中讲述。

在阅读后面的章节时，您可以随时回到这里来，再看这个图示。相信每一次回顾都会给您带来不同的感悟，您会看到您的每一分努力都是对接纳力的提升。

感恩浩途会员的贡献，本书采用案例均来源于会员分享，为避免和具体人物挂钩，案例中人物均使用化名，有些气质类型相仿的案例人物共用了同一个化名。九年来，尤其是近三年来，我见证了一个又一个父母在共修过程中逐步觉察，直至为自己“拆台”，让育儿变成一件轻松、丰盛的事的过程。期望本书能将这条路径描述清楚，让您也能走上坦途。

倾 听

如同我们提升接纳力是为了成就孩子的幸福力一样，我们练习倾听的主要动机是为了建立亲密的亲子关系，通过倾听给孩子充分的安全感。

忍住不说，孩子才有机会说

唯有父母忍住不说，孩子才有机会说，事情本来的样子才有机会呈现。父母如果抢话说了，通常说的也不过是基于之前的人生经验和逻辑做的臆测，对清晰的沟通没有任何帮助，反而可能会伤了孩子的心。

练习倾听的第一步是闭嘴，是忍住不说。

宝妈家里有两个孩子，大宝已经上小学二年级，小宝刚两岁。这一天，大宝的学校开运动会，大宝向妈妈要两元钱买两根糖葫芦吃，小宝听到了也要。宝妈便给了大宝四元钱，说好买四根，一人两根。

结果大宝回来只带了一根糖葫芦给小宝。

宝妈差点儿就大吼："你一个人吃了三根？！"

幸好她忍住了！

确实，唯有父母忍住不说，孩子才有机会说，事情本来的样子才有机会呈现。而父母如果抢话说了，通常说的也不过是推断，所谓推断通常不过是基于之前的人生经验和逻辑做的臆测，对清晰的沟通没有任何帮助，反而可能会伤了孩子的心。

宝妈什么都没说，只是用鼓励的眼神看着大宝。大宝便继续说："我跑去买糖葫芦，只剩三根了。我买了三根，一扭头看到了李老师和刘老师，我就给了他俩一人一根，就只剩一根拿回来给小宝了。"

宝妈一时不知道说什么好，便"哦"了一声。

大宝继续说："我发现当老师挺好的，可以吃到同学买的零食。以后我也要当老师。"

宝妈差点儿就想教育儿子说，即使当老师也不能为吃到零食而当。

她再次忍住了。

当父母听到孩子对生活的理解与自己的价值观不同的时候，很难忍住不灌输、不教育，生怕自己没说到位，孩子就从此走向歧途。而如果我们理解了孩子的认知是经由自己感觉、转化、提取、整合而形成的，我们便更容易做到忍住不说了。

忍住不说的好处是腾了一个空间，让孩子自由地去感知，让他的认识转化、提取和整合在顺畅的流动中完整地实现。

过了两天，大宝又拿回来一根糖葫芦，高兴地递给小宝，然后对妈妈说："今天幸好我跑得快，在人家卖完之前，我给小宝买到了这根糖葫芦！"

宝妈看到兄友弟恭，很开心。

当父母看到孩子的做法和自己所认同的社会价值观相同的时候，自然而然会表露出喜悦，这些会很自然地被孩子抓取到。孩子天生很愿意取悦于父母，愿意往父母认同的方向发展。除非父母特别想将某一种品质固化在孩子身上，否则，连夸奖的话语都不用说，就一个开心的微笑或者拥抱就够了。

如果父母格外欣赏"兄友弟恭"，孩子会认定只有这样才是好的，其反面是不好的，是需要排斥的。这样反而会损坏孩子成长的流动、顺畅和完整。

我曾用量子力学的波粒二象性向一位会员阐释这个道理。物体本来既是粒子也是波，它在流畅的转化中，而你看到一个物体是波还是粒子，完全取决于你在什么时候观察及你的测量方式。就像刚才宝妈的这个例子，在大宝第一次拿回一根糖葫芦给小宝时，用宝妈惯有思维在这个时候做观察和测量，大宝可能是自私的；在大宝第二次拿回一根糖葫芦给小宝时，用宝妈惯有思维在这个时候做观察和测量，大宝可能是无私的。本来，大宝的生命体验如波一样在流动着，途经着自私和无私，如果不被打断，他的生命就会这样不断地完整体验着两端，逐渐发展出自己的行为准则。而如果被打断，假如宝妈吼了大宝怎么你一人吃了三根，或者宝妈夸了大宝你真棒又给弟弟带回来一根，这批评和夸奖都是打断，就好像观察者介入，看到了“粒子”，并信以为真，好像物体只有这个属性似的。大宝可能因为妈妈的批评和夸奖一点点偏离自己的本来面目。

没有想吓唬大家，我只想揭示一个真相，我们都是这样一步步长大的。小时候的我们太把一些观察者的评判当真了，尤其当观察者是我们的父母时，我们可能以为自己就是被评判的那个样子。

我记得有位妈妈涕泪交加地分享过，小时候她是家里老大，早上会起来为蜂窝煤炉添加煤块，这样不至于火熄了，全家受冻。她有的时候是心甘情愿这样做的，有的时候不是，她也想睡懒觉，让别人服务自己。可是，因为她的妈妈不断地夸奖她“你是最懂事的孩子”，她便不敢偷懒。现在工作了，只要同事夸奖她是个好人并请求她帮助，就算她再不想帮忙也无法开口拒绝。她很痛苦，小时候她被妈妈的评判绑架了，长大了她被别人的评判绑架。

生命的流动如波，自私无私、懒惰勤奋、快乐悲伤……都在波形上有自己一席之地，如果不被打断，孩子才会获得完整的成长，建构起一个更加接近真实的自己。

龙儿很小就参与家务劳动了。有一次春节，龙儿爸回老家看爷爷了，十岁的龙儿和我成为搭档，料理家务照顾姥姥姥爷，我炒菜做饭他洗碗拖地。前三天，他做得相当好。第四天，他责怪我，怎么每个人既发筷子又发勺子，他竟然计较本可以少发一份少洗一份。第五天，他埋怨，怎么有些人吃完还留了一些骨头在碗里，没有主动扔垃圾桶。第六天，他说怎么这么油手，简直抓不住碗，没法洗了！说完，他便洗干净自己的手跑走了。这时候，我默默地替他把碗刷了。走出厨房我到了客厅，只是淡淡地对他说了句：“我帮你刷了。”第七天，他又开始继续洗碗，之后，他逐渐找到了洗碗的最佳方式，还颇为得意……

就是一个过程而已。今年龙儿十三岁，这样经历下来，我看到的是人性本善，谁都希望自己对他人对世界是有价值的，龙儿会主动选择担当，同时他没有对别人不担当的谴责或者对自己不担当的内疚。

忍住不说，才能倾听到生活的韵律，允许孩子活出自己的节奏。

倾听，觉察内心的真正需求

在头脑层面，我们个个都是“善口技者”。倾听即觉察，能够让我们“撤屏视之”，看到屏风后面的真相，“一人、一桌、一椅、一扇、一抚尺而已”。当倾听成为习惯，觉察即可贯穿在生活中的每个细节了。

倾听是忍住不说。那么忍住没说出去的是什么？是自己头脑中的各种声音。这些声音是哪里来的？真的是自己的声音吗？

我有一次受邀去做倾听主题的分享，因为自家车限号，我便借了邻居家的车。在开车前往分享地点的途中，我听到了头脑中的各种声音。

一个声音说：“唯有车和老婆不能借人！”显然这不是我的声音，因为我只有老公，没有老婆。这是我早上在微信朋友圈里刚看到的一句话。

另一个声音说：“千万不要出事，要是有个剐蹭，可就太对不住朋友了。”这个声音响起的时候，我踩刹车的腿都抖了一下。这个声音好像是我内在的恐惧发出的声音。

“咱家姐妹几个都是路盲，都不是开车的料。”这声音似乎是大姐的。

“不要鲁莽做事！”似乎是妈妈的声音。

……

我的车速慢了下来，开始很谨慎地东张西望。

忽然，又有个声音冒了出来：“今天的倾听主题，你打算分享什么？”似乎像沙龙主持人的声音。

“哎呀，不能一边开车，一边想问题！”像是我一个同事的声音，她曾说过开车想问题特别危险。

我的头脑中，各种声音，你方说罢我登场，好不热闹！怪不得俗称脑海，果然这脑袋里像大海一样波涛汹涌。

我镇定了一下，对自己说："我能感受到今天开车和往常的不同，因为借了别人的车，所以一系列的恐惧和担心就跳出来了。依照我平时开车的经验，没问题的。我可以开得很好。"

这是我的声音，是脑海中那个主舵手在说话。一时间，其他声音安静了下来。

那天的倾听主题分享，我便分享了对这一路各种小声音的觉察。那天的经历就像儿时学过的课文《口技》。善口技者，逼真地模拟出夜深人静时的犬吠、呓语、儿啼、母醒、火爆声、泼水声，似人有百口，口有百舌，各种声音凡所应有，无所不有……表演完毕，撤屏视之，一人、一桌、一椅、一扇、一抚尺而已。

在头脑层面，我们个个都是"善口技者"。倾听即觉察，能够让我们"撤屏视之"，看到屏风后面的真相，"一人、一桌、一椅、一扇、一抚尺而已"。

当倾听成为习惯，觉察即可贯穿在生活中的每个细节了。

有位妈妈分享了她在日常生活中的觉察。她在家里一看到四岁的儿子光脚，就会脱口而出："宝贝，穿上拖鞋！"

恰好在练习"倾听"，她当周选择的倾听目标是她的老公。这天，她听到老公也在喊："宝贝，穿上拖鞋！"她忽然心里就涌起一丝好奇。

于是，她问老公："你为啥提醒儿子穿拖鞋？"老公说："不是你老让他穿拖鞋吗？我这是在帮你呀！"她扑哧乐了，知道自己的声音已经侵入老公的脑海里了。

她决定静下心来倾听一下自己脑海中的声音。

一个声音说："寒从脚入，当然要穿鞋！"她识别出这是她上中医课的时候老师的声音。

另一个声音反驳道："不是吧，现在正值暑天，天热着呢，地板一点也不凉，哪里有寒气可从脚入！"这是一贯爱和她争辩的姐姐的声音。

"哦，我发现在地板擦得很干净时，自己就不会提醒他穿鞋；而哪天没擦地，提醒的次数就会多。"这是她自己的声音。这个声音一出来，其他声音便不见了。她恍然大悟，原来是因为自己懒呀！又不想擦地板，又不想让儿子踩脏了床……想到这里，她在心里狠狠地笑了自己一通。

觉察到了这个起心动念，她觉得自己自由了，有了很多的选择！她可以更勤快地擦地，也可以告诉儿子需要洗了脚才能上床，还可以明白地告诉他需要穿拖鞋，因为今天妈妈没擦地……确实，倾听让我们有能力做自己生活的主人！觉察一点便自由一点！

实际上，在我们长大成人的过程中，外界的各种声音会随时随地不断地进入我们的脑海，这是必然的，因为我们是人类社会，你中有我，我中有你。然而，如果我们不加觉察，对某些声音不加辨识地信以为真，下意识地照办，则会失去自己的主权。

也许是小学王老师说了一句"你唱歌跑调"，从此你便再也不愿一展歌喉。也许邻居家的李大爷曾经捏着你的脸蛋说"胖嘟嘟的真可爱"，从此你总是下意识地扮萌装可爱；也许是妈妈拿着成绩单夸奖你是"一个努力型的孩子，不比别的孩子聪明，但是你踏实、肯干，只要坚持就会取得好成绩"，从此你便不断鞭策自己，确保自己够努力，总是在考试前一秒才放下书本，或者在项目截止前还在做最后一次审核。

一路长大，我们可能早已经不完全是我们自己的主人了，甚至我们可能并没有意识到自己是如此容易和习惯性地出让主权。当我们成为父母时，我们真的确信是我们在养育孩子吗？不一定呢！

龙儿小学二年级的时候，他爸去学校参加了一次家长会，回来的时候脸都绿了，说老师批评龙儿字写得不好，以后作业完成后请家长先看，如果家长能看得懂再将作业交到老师那里。之后，龙儿爸便担负起了查龙儿语文作业的职责，写得不好，就撕掉让龙儿重写。这样连续做了一周，有一天，我看到龙儿特别难过地在哭。我问他怎么了，才知道他的作文被撕了一次，他重写后，又被爸爸撕了，他不知道怎样才能过关。

我当时惊呆了，这是一个爸爸做的事吗？如此侮辱自家的儿子！如果儿子对自己的作业结果无能为力、无法把控，他的自尊自立从何谈起？

我当晚协调了一个家庭会议，我、龙儿、龙儿爸三人参加。在分别阐述各自想法和讨论后，我们达成共识：目标是字写得够清楚，能让人认出来是什么字。如果龙儿哪个字写得不清楚，爸爸认不出来是什么字，那么爸爸可以用铅笔在这个字下面点个点儿，由龙儿自主决定是撕掉整篇重写，还是改掉这一个字。

这件事很快就结束了。可是这件事引发了我的思考，我和龙儿爸一向认为孩子的自尊和自立是很重要的。龙儿爸也不是一个武断专行的人呀，怎么那一周就像被下了蛊似的，眼里只有那个可以看得清楚的作业，全然没有儿子这个人，就这么肆意践踏着儿子作为人的界限和尊严。

我觉得换做是我去开家长会，恐怕回来也会这样对待龙儿，我仔细倾听脑海里的声音，有个理所应当的声音，就觉得应该尊师重道，老师的指令就是不容置疑必须达成的目标。而我带着觉察去找寻自己内心的声音时，才能够清醒地听到我作为一个妈妈的声音：老师负责任地告知父母们孩子在校的学习成绩和状态没有错，但是家不是学校，家不是监督学习的地方，家是讲爱的地方，是让孩子恢复心力和精力的地方。孩子内心充满爱，才更有力量去面对外界要求的学业和责任！

我接受北京卫视邀约，做《幼儿缘》栏目的入户育儿专家。在安庆、宝安、柳州等多地做入户观察的时候，我作为旁观者可以更清楚地看到各地的老师常常将作业和考试成绩直接发到家长手机上，将作业直接布置给家长，而家长对孩子极负责任的监督和要求正在无情地摧毁着孩子的学习兴趣。在无意识中，家长成了学校教育的延伸，而忘了自己本来的立场。作为爸爸，作为妈妈，我们需要倾听一下自己，区分出来哪个是为人父为人母从内心迸发出来的声音，那才是我们需要维护的家庭主权所在。

实际上，倾听到自己的声音之后再去找佐证，你会发现古人有同样的心得体会。

孟子不教自家的孩子。公孙丑曰："君子之不教子，何也？" 孟子曰："势不行也。教者必以正，以正不行，继之以怒。继之以怒，则反夷矣。"这段话出自《孟子·离娄》。公孙丑问孟子："君子不亲自教育自己的儿子，为什么呢？" 孟子说："因为情理上行不通。（父亲）教育（儿子）必然要用正确的道理；用正确的道理行不通，接着便会动怒。一动怒，就反而伤了父子感情了。"

孟子还接着说了"古者易子而教之，父子之间不责善。责善则离，离则不祥莫大焉"。大意是：古时候相互交换儿子进行教育，（是为了）父子之间不用求全责备。求全责备会使父子关系疏远，（在家庭中）再没有比父子关系疏远更不幸的事情了。

可见家庭首先需要维护的是亲密有爱、互相支持的关系。

倾听到自己内在的声音，会自然和一些圣人、贤人产生共鸣，因为不管人类社会怎样变迁，我们为人父母的底层需求是一致的。这种时候，我们会更加笃定，更不容易被表面的一些言辞和要求所绑架。

在关系中倾听并反躬自问

在关系中倾听，更有机会觉察自己。自我觉察，如同善口技者，一人可以鼓噪出各种声音，而关系中的觉察，如同不善口技者，需要更多人手来演绎不同声音。只是这关系中的多个声音都是你脑海的一部分，听到了才有可能区分哪个声音是当下自己的真实声音。

倾听自己头脑里的声音如身处闹市一般，我们可以听到很多声音在打架，那么在关系中倾听会是怎样呢？岂不是多个闹市的集合？

有句话说两个人交流时，其实是六个人在交流：你以为的你，你以为的他，真正的你；他以为的他，他以为的你，真正的他。我觉得，这都说少了，两个人交流如同两个辩论队，甲队某个人出声，就会引发乙队的某个人回应，一来一往，不定多少人参与其中呢。

茜妈曾经就“十一”假期回婆婆家和茜爸有过争执，我们先看下双方辩论队各自派出了怎样的阵容。

A方：茜妈	B方：茜爸
论点：不随茜爸回老家	论点：一家三口一起回老家

每年“十一”茜茜家三口都会一起回老家。这次茜妈不想去了，她觉得太累了，想自己待在北京独处几天。但她一直没张口和老公说这件事，恰好听说有个七天禅修，茜妈很高兴……

茜妈：“‘十一’期间有一个七天禅修，我想去参加，就不和你们回老家了。”（这是好学上进的声音在说话。）

茜爸："好吧。"（这同样是好学上进的声音在说话，一切需要为学习让路。）

过了两天，茜妈得知禅修取消了。

茜妈："禅修取消了，不过我还是不回去了，最近太累了，想假期好好休息下。"（这是慵懒的声音在说话。）

茜爸："一年都没回去了，该回去看看了，谁都知道来回路上累，我也累！"（这是高大上的"应该"在说话，是社会伦理的代表。一旦听到偷懒的声音就会立刻做出反应。）

茜妈："凭什么我该？你该还差不多！要回去你自己回去，凭什么要求我回去？"（这是小时候受过伤的小女孩在说话，只要面对"应该"就想奋力回击。）

茜爸："你现在太自我了！"（这还是社会伦理的代表在发言。）

茜妈："我不想强迫我自己。"（这是小女孩的声音。）

第二天。

茜爸："对不起，昨天我的态度不好。"（这是善解人意的声音。）

茜妈："没关系。"（这是善解人意的声音。）

第三天。

茜妈在不被要求、完全放松、有充分的选择权后，做出了决定，"十一"还是陪着茜爸和茜茜回老家。

辩论赛看完，你能分清楚哪个是真实的茜妈和茜爸吗？

两人调用"好学上进""善解人意"选手上场时，便一片和谐，辩论不起来了。这是真实的他俩呢，还是社会化的他俩呢，外人永远不得而知。我们只能看到慵懒的那个小女孩的声音最终没有得逞。

在关系中倾听，更有机会觉察自己。自我觉察，如同善口技者，一人可以鼓噪出各种声音，而在关系中的觉察，如同不善口技者，需要更多人手来演绎不同声音罢了。只是这关系中的多个声音都是你脑海的一部分，茜妈的脑海里也有高大上的“应该”，茜爸的脑海里也有慵懒不想奋斗的声音。听到了，才有可能区分，哪些声音来源于外界，哪个声音是当下自己的真实声音。

我曾经带过“反躬自问”工作坊，协助大家通过在关系中倾听收获属于自己的礼物。

第一步：问自己最瞧不上谁，记住脑海中想到的第一个人，把他的名字写到纸上，然后写下：我很讨厌 ×××，因为他……（比如：自以为是、不负责任、自私自利，最多三个。）

第二步：将刚才的句式反转。（比如刚才是：我最讨厌自以为是的人，我最讨厌不负责任的人，我最讨厌自私自利的人。现在则替换为：我就是一个自以为是的人，我就是一个不负责任的人，我就是一个自私自利的人。）

第三步：举实例证明自己就是这样的人。（比如：我就是一个自以为是的人，我在……时候就是这样的。）

第四步：收礼物。看这其中对自己的觉察又深入了多少。

当时，我为了做示例，脱口而出：我最讨厌说到做不到的人。再往下走的三步里，我一下子有些张口结舌了。我就是一个说到做不到的人，怎么可能？我最在意自己言必行行必果了。我当场向学员们求证：我是一个说到做不到的人吗？我特别记忆犹新的是，当时我的一个同事笑眯眯地说：“是啊，你当然是了。你如果不是，怎么会创建浩途呢？浩途不就是在支持人一步步从知道到做到吗？你不就是因为知道很多育儿理念和方法做不到，才发起浩途的吗？”我马上表示心悦诚服。这是一个极好的例子，我收到的礼物是：“原来一个特质用对了地方可以是创造力。这样一想，我所讨厌的人可能也是如此，在某个地方说到做不到，也许激发了人家的创造力呢。再往大了想，人类社会都是一次次说到做不到之后，不断努力、不断创新的结果。”这么一想，我心中又多了一份接纳，心胸格局又扩大了。

茜妈在那次工作坊中，分享到她最讨厌管制指责她的人，没想到一转化，她自己就是那个管制指责自己最多的人。她看到自己内心里慵懒、愿意享受生活的那个小女孩，但她从来不敢放这个小女孩出来。她看到大家说的所有讨厌的词，几乎概括了小时候被教育的所有负面、可耻的“品德”，恍然大悟：原来自己的“黑暗”部分一直被深深地压抑着！那是她不自由的来源！

父母那一辈教育我们的时候，总是鼓励积极向上的一面，打压消极颓废的另一面。而一直遭遇打压的那一面蜷缩在角落里，总是不甘心，总想伺机出来冒个头。为了不让自己难受和羞愧，这些“黑暗”面便从周围的关系中显现了出来，让他人呈现出来，让我们来唾弃和批判。

有次一位会员搭我的车去参加沙龙，路上她不断地抱怨她的老公：“他就是答应的多，做到的少。我和他说事的时候，他总是嗯啊着似乎同意了，但根本就没往心里去。到点儿了啥事都没有发生。要是中间提醒他吧，他又不耐烦。真的不知道该怎么和他相处，我都心力交瘁了！”那次我有种神奇的感觉，这位会员所说的话，我特别想录下来给她听，因为她指责她老公的，一字不差正是我想说给她听的，因为在我眼里，她就是这样的一个人，每次答应的事到点儿却总做不到。她就是我最不喜欢的那款：说到做不到。

我心里暗自笑了一声，好吧，这再次印证我身边所发生的是我自己吸引来的。这些人、事、物是来让我觉察、学习和成长的。我所讨厌的必然是我身上也有的。

一个手指指出去的时候，另外有三个手指在指向自己，这说明我说他的，我都有，而且是三倍的程度，只是我和他表现的场合和方式不同而已。

每一种“黑暗”的力量都有其正面的意义。就像茜妈的慵懒，享受生活而不喜奋斗的那一面，释放出来的时候，常常是最有创意的时候，她不务正业地随手扯了一块布，采了几朵花，往沙龙中间的桌上一铺一放，便创造了一个温馨诗意的环境。

大胆地在关系中倾听自己并反躬自问吧，屡试不爽的是：每次都能收获到正面的意义和属于自己的成长礼物。

抚平糟糕情绪背后的创伤

“台”通常可以归结为一种错误的逻辑，在生活中，留意自己爆发强烈情绪和感受的时刻，扽着线头去寻找，不断地拂尘，必定能找到那个影响自己已久的“台”。成人拆台需要比较久的时间，我们可以做到的是不给孩子“筑台”。

倾听是忍住不说。忍住不说才能给孩子腾出空间，容得他慢慢长成自己；同时，忍住不说才能给自己找到机会，倾听脑海中喧嚣的杂音。当倾听成为习惯的时候，我们便可以在关系中反躬自问，更快速地获得对自己的觉察。当关系中大多数的声音指向同一个地方，或者亲密关系中有很大的声音在提醒你时，那就说明那里有一个“台”需要被深度觉察了。

米妈刚和老公爆发了有史以来最大的争吵。

事情起因是这样的：

一家三口去逛街，米爸到楼下超市去买东西，米妈在楼上陪着孩子。四岁的米娃看中了一双鞋和一条裙子，想要买。米妈便劝孩子一起到楼下找爸爸拿卡结账。可是米娃正巧看到了恐龙模型，不想走。米妈就说：“那你在这里边玩边等妈妈，无论发生什么事都不能离开！”米娃答应了。

米妈飞快地跑下楼去找老公拿卡，回来带着米娃买了鞋和裙子。

事情就这样发生了。

在米爸眼里，这是一个不可饶恕的错误：你一个当妈妈的，居然敢把一个四岁的女儿独自留下！如果丢了怎么办？

之后夫妻俩爆发了激烈的争吵。

米爸咬牙切齿冲着米妈怒道："我想打你一顿！"

本来米妈知道自己做事欠妥，理亏。可她最烦这种得理不饶人的态度了，于是一下子被激怒了："你没犯过错呀？你就不允许别人犯错吗？想打你打吧！"

米爸吼道："你犯了这么大的错还不认错！"

米妈越发倔了："怎么认错？你是要让我一头撞死才行吗？"

"你撞吧！"

"你太狠心了！"

"我狠心？你这样说真是太伤我的心了！我平时能忍的都忍了！你今天的错误犯得太严重了，所以我需要用严重的方式让你记住！"

"那你用最严重的方式吧！杀了我好了，死人就不会犯错了！"米妈更加倔强了，拿出了宁死不屈的劲头。

在亲密关系中发出这么大的声音，是要告诉米妈米爸什么呢？一方做错了事，认错就是了，怎么就发展到我一头撞死吧、你打死我吧、死人就不会犯错了。

事错了，就是人错了？

我们用不着给双方判官司，因为双方说的话都是双方需要听的。声音如此之大，是在告知彼此："停下来吧！事错了，不是人错了！不用以理压人，不用恃强凌弱，不用以死抗争来维护自己做人的尊严。"

米妈分享后，我做了以上点评，我一说完，她便泪流满面。她说从小她一做错事就被爸爸打，被妈妈打，被哥哥打，她的感受从来没有被倾听和接纳过，所以她真的觉得做错了事，人就错了。她小时候就特别倔强，怎么打都不认错，就是在维护内心的自尊，好像一认错，人就错了。

以反躬自问的逻辑，米妈最讨厌的，必然也是自己身上有的部分。

她出生于城里干部家庭，老公来自农村，平时家务活儿都是老公干，老公确实挺能忍的，很少发作，平常恃强凌弱的人其实是米妈。因为米妈平时学习了较多育儿理念和知识，常常在家里指出别人做得不当的地方。有一次米姥姥对米娃说别哭了，米妈就很生气地告诉米姥姥："孩子哭是正常的，不要干涉！"米妈反思，自己好好说话就是了，为什么要生气地说？就是想用生气来加大气势，以势压人，让米姥姥知道错了。

通过反躬自问，米妈觉察到她也正在使用她最痛恨的逻辑：事错了，就是人错了。

她瞬间收到礼物：只要把做错事和自己作为人的尊严这两者的挂钩去掉，这个"台"就可以拆除了。她决定把"事错了，不是人错了！"写在写字台的贴纸上，时时提醒自己。

看到"台"就已经成功了一大半。"台"通常可以归结为一种逻辑，例如："事错了，就是人错了。"但发现"台"的线索通常是一种强烈的情绪或者感受，例如："面对恃强凌弱的做法，我就有屈辱感。"在生活中，留意自己爆发强烈情绪和感受的时刻，扽着线头去寻找，不断地拂尘，必定能找到那个影响自己已久的"台"。

我们成人拆台还需要比较久的时间，我们可以做到的是先不要给孩子"筑台"。

有一次，我走在街上，看到一个场景：一个小学生因为考试成绩不好被他妈妈当街训斥，头都低得不能再低了。我心里很难过，不由得发出一声叹息。成绩不好，就可以被如此侮辱！妈妈在不遗余力地给孩子筑台："成绩不好，你就不好！"等孩子长大，得花多长时间去拂尘、拆台才能还自己一份自由呀！

接纳力修炼术：倾听

倾听四步走

1.忍住不说
2.自我觉察
3.反躬自问
4.拂尘找台

1. 静语 1 至 7 日。不管孩子、老公、其他家人说什么，尽可能微笑点头，以鼓励的眼神鼓励对方继续说话。

2. 倾听自己头脑中的各种声音，并笔录下来。

3. 甄别头脑中各种声音的来源。

4. 在关系中倾听并做反躬自问。

第一步：问自己最瞧不上谁，写下我很讨厌 ×××，因为他……（比如：自以为是、不负责任、自私自利，最多三个。）

第二步：将刚才的句式反转。（比如刚才是：我最讨厌自以为是的人，我最讨厌不负责任的人，我最讨厌自私自利的人。现在呢，替换为：我就是一个自以为是的人，我就是一个不负责任的人，我就是一个自私自利的人。）

第三步：举例证明自己就是这样的人。（比如：我就是一个自以为是的人，我在……时候就是这样的。）

第四步：收礼物。看这其中对自己的觉察又深入了多少。

5. 倾听最大声音。留意亲密关系或者日常关系中不断出现的各种声音，找到其中最喧嚣的声音，细细体会，拂尘找台。

共情

共情是人本主义创始人罗杰斯提出的心理学术语，是指一种能设身处地体验他人处境，从而达到感受和理解他人情感的能力。当我们自己有负面情绪时，倾听和共情自己才能让我们恢复心力、超越自恋，转而倾听、共情孩子，并对孩子展现出我们的接纳。

超越自恋去理解孩子

超越自恋去理解孩子特别重要，外在世界有很多不如意，孩子在哭中经历着这份不如意，慢慢认知到外在世界就是这样的，而不是因为自己不够好。无论外界是怎样的际遇，“我都足够好”，这就是在建构孩子的个人幸福力。而外在世界就是这样的，这是在建构孩子的接纳力。

共情是人本主义创始人罗杰斯提出的心理学术语，是指一种能设身处地体验他人处境，从而达到感受和理解他人情感的能力。

大多数妈妈天生具备对自家孩子的共情能力。怀抱着刚出生的婴儿，妈妈天然便能设身处地体验孩子的处境，感受和理解孩子，这是母爱的天性。哪种哭是饿了，哪种哭是尿了，哪种哭是躺着不耐烦要抱了，还有哪些时候孩子醒了，在摇篮里心情愉悦地“哦哦”呢喃着，并不需要被人打扰……各种不同的场景，妈妈瞬间就能品味出来。

随着孩子长大，妈妈对孩子的共情能力反而需要重新习得。比如：龙儿两岁进入执拗期，打破了我在育儿上的自满、自负、自以为是（统称为自恋），我才开始理性地学习如何感受孩子，开始超越自恋去理解孩子。我看到很多妈妈在孩子两三岁后经历了同样的过程。

山子妈晚上下班后，从幼儿园接了三岁的山子。路过超市，她想着回家还需要做晚饭，就进去买了一些食材。出了超市，没走几步，路过自动售货机，山子就开始哭闹，非要买售货机里的饮料。但他自己手里还抱着刚买的一排酸奶。

山子妈一脸焦躁，满脑门子都是事儿，直接武断地说：“不可以！已经买了酸奶了，不能再买饮料了。而且，今天妈妈身上的钱用光了，别哭了！”

可是儿子却越哭越凶，最后索性赖在地上不走了。

咦，这不是在修“共情”的时候，大家提到的经典案例吗？不满足要求就哭闹，这种情况下，只需要说出孩子的感受就好了。山子妈一激灵，首先涌上心头的是对自己的谴责：“我都在浩途参加共修呢，怎么还会出现这种情况？”她左右看了看，没有熟人，于是稳定了下心神，先倾听和共情了自己：“唉，我也不容易呢，上班那么累，要接儿子，还要做晚饭。我也到了要崩溃的边缘了！抱抱我自己吧。”她在心里抱慰了下自己。

很快，她感觉好多了，超越了自己的自恋，她的心思开始转到了儿子身上：“最近这一周，山子一直说不想去上幼儿园了。我和他爸虽然给老师打过电话，也没问出什么状况来，不管怎样，肯定是山子在幼儿园有不顺心的事。他才不容易呢，不管多么不想去都会被送到幼儿园去，连个选择权都没有。”这么一想，她心里充满了对儿子的怜惜。她将手中的大包小包放在地上，腾出手来抱着儿子，温和地说：“宝贝儿心里不舒服，是吧？想哭就哭吧，不管你哭多久妈妈都在这里陪着你。”

有了妈妈平静的等待和陪伴，山子痛痛快快地哭了一会儿。这哭显然是有疗愈作用的，过了一会儿，山子不哭了，开始瞪大眼睛看着妈妈。

山子妈轻轻拍拍儿子说：“你是一个好孩子，好孩子也会有情绪的，不管怎样，妈妈都爱你！”她再次抱了抱孩子。很神奇的事发生了，山子没再提买饮料的事，而是背起书包，对妈妈说咱们回家吧。路上山子一边走，还一边做游戏。他拿着那排酸奶问：“妈妈，你要坐火箭吗？你看，它飞到了一万米的高空！”

不管怎样，妈妈都陪着你，都爱你，这就是接纳力！当我们自己有负面情绪时，倾听和共情自己才能让我们恢复心力、超越自恋，转而倾听、共情孩子，并对孩子展现出我们的接纳。这份接纳对孩子来讲特别重要，外在世界有很多不如意，孩子在哭中经历着这份不如意，慢慢认知到外在世界就是这样的，不是因为自己不够好。无论外界是怎样的际遇，“我都足够好”，这就是在建构孩子的个人幸福力。而外在世界就是这样的，这是在建构孩子的接纳力。

对于爸爸来讲，由于男性思维的理性，超越自恋去理解孩子难度更大一些。

浩浩爸属于那种对人对己都高标准、严要求的职场精英。像倾听、共情这些育儿方法，他早已烂熟于心。可是，他依然会在临场时将正确的方法置之脑后，会对儿子耍狠。

一次，四岁的浩浩被家里的椅子绊倒，手指被椅子上的钉子划伤了，浩浩爸忍不住呵斥了儿子：“你就不能好好走路？”浩浩看着爸爸生气，没敢大声哭。浩浩爸又心疼又生气，吼道：“别这么吞着声哭，男子汉，要哭就大声哭！”

由于担心感染破伤风，浩浩爸马上开车带着儿子去了医院。浩浩怕疼，总想回避，一会儿问：“我可以玩这个吗？”一会儿又问，“能不能不让我疼呀？”浩浩爸急了，严厉地要求道：“把手伸出去，男子汉要勇敢，明知疼也要把手伸出去！”浩浩又开始吞着声哭。浩浩爸环顾四周，怕耽误别人就诊，便一把拉起儿子气狠狠地说：“你不配合，咱们就走吧，别看病了！”

拉着儿子走到医院门口，他把儿子的手一甩，自己开始来回踱步。他不断地批评自己，怎么就不能允许孩子表达呢！这得多伤害孩子呀！倾听孩子首先需要的是态度，要有耐心，共情孩子就是要说出孩子的感受呀。

他逐渐平静下来后，蹲下身拉着儿子的手说：“爸爸知道你怕疼，爸爸小时候也怕疼……”一番交流后，浩浩终于愿意再次回到医生那里把伤口处理完毕。

事后，浩浩爸心里很不是滋味，自己怎么就没能在第一时间和孩子好好说话呢?

带孩子到医院，孩子怕扎针疼，从孩子的角度来看，这很正常。从父母的角度来看，为了治好病，明知疼也要让孩子把手伸出去让医生扎针、抽血化验。

这是一件日常生活中经常遇到的事情。采用“共情”的方式常常能够轻松取得孩子的合作。共情即说出并理解孩子的感受。可以这样说:“宝贝儿，你是不是怕疼呀？真的会有些疼呢。”在孩子怕疼的感受获得充分理解后再说:“为了治好病，咱们明知疼也要把手伸出去。爸爸会陪着你。”

完整地陪着孩子走完这个过程，孩子会增加对外在世界的理解和接纳，会获得个人幸福力，会加强自我认知:“我能行，我还是挺棒的！”

共情的意义如此深远，相信更多的爸爸们，会因为这份对孩子的成长意义而超越自恋，在坚定要求孩子做到的同时，理解孩子的感受。

共情童年时候的自己

在长大成人的过程中，每个人或多或少都有伤痕，重要的是我们现在该怎么做。共情自己，爱好自己，才有心力养育好孩子。

孩子小的时候，需要被理解，被允许说出感受。那么我们小的时候呢，是否获得过充分的理解？我们的处境是否被父母设身处地体会过？也许并没有。

浩浩爸分享了他的原生家庭。他的爸妈都是插队知识青年，通过考大学离开农村回到了城市，自然对儿子的学习成绩很在意。他上小学时，有一天，妈妈考了他一些数学题，他没答上来。妈妈便说："我看你真是完了，才小学你就这样！"当时那一刹那，他也觉得自己真的完了，妈妈在前面走，他不敢靠得太近。他记得当天的阳光特别温暖，但是他身上觉得很寒冷。

他开始努力学习，小学就没有周末，平时也不能玩，一回家爸爸就让他学习，不让出去玩，所以他也没有什么玩伴和朋友。初中，他考上了市重点。爸爸说："你是好学生，要好好学习。"他更加努力，从家到学校需要半个小时，他在路上都在背单词背课文背各种知识点。

如果他考了第十名，爸爸就会说你为什么只考了第十名，如果他考了98分，爸爸会说为什么不是100分。无论他怎么努力，他都觉得自己不够好，都达不到爸妈对他的要求。一直到初三他都没有得过第一名，他便更加逼迫自己按照爸妈的要求去做。有一天，他忽然就看不进书了，他对自己说："我怎么能看不进书呢，不可以！我必须看进去！"可是就是看不进去了，强迫症开始出现。

上了高中，强迫症愈演愈烈，他的成绩一落千丈。爸妈觉得奇怪，逼问他为什么，他也不知道为什么啊。再后来，休学、看心理医生、复读考上大学，他终于离开了家。

可是那严苛的父母却留在了他的内心，现在不用别人督促他，他依然一刻都不能放松，内心对自己对他人都有很多的要求和控制……

那个年代造就了一批知识青年，很多人是因为考上大学而改变了人生境遇的。“考上大学”是最最重要的事，这条人生经验已经深深地打入到那一批父母的集体潜意识里。

父母认为最重要的事，怎么可能不努力地传递给孩子呢？这也是被下了蛊了，父母已经全然看不见孩子作为一个人的存在，哪里还会顾及孩子的视角和感受？这种情形下，父母越努力，孩子越受伤。父母认为最重要的事是达成了，可是长大成人的孩子至今却一刻都不能让自己放松，对自己充满苛责。我记得浩浩爸说他组织了一次亲子聚会，参会的各个家庭都很满意，一致好评，但是他却只给了自己 59 分。

山子妈在儿时也有伤痕，她难以忘怀自己小时候被全托，双手扒着幼儿园的栏杆眼巴巴等着爸妈来接自己回家的情形。见到爸妈，欢天喜地地跟着回家，想不起来一周的委屈也想不起来哭，但是那些都沉积在记忆里。到现在，她都无法谅解爸妈当年对她的忽略和因此带来的伤害，也很难和爸妈真正亲近起来。

在长大成人的过程中，每个人或多或少都有伤痕，重要的是我们现在该怎么做。

浩浩爸很明白自己需要什么，他说：“我需要重塑一个温暖、接纳的内在父母，我需要温柔、耐心地对待我的内在小孩，我需要对我自己好一些！”他说到了根本点，选择成为浩途会员，就是因为这里孕育了一个温暖、安全、信任的氛围，加起来就是一个词——“接纳”。在这种环境中，他正在练习慢慢放松下来，慢慢习得爱自己。他在沙龙中分享时，常常泪流满面，这样的眼泪，每一次都是对心灵的洗刷。他设身处地地体会当年小小的自己多么努力想获得父母的欢心，每次分享都会让他对当年的无措、无力多一份理解，让心中的委屈、愤怒流走一分，他相信：当淤泥洗净，那个清亮的自己就会展现出来。

山子妈和浩浩爸不在一个分部，甚至彼此都不相识，却走出了相似的成长路径。山子妈在一次次的沙龙分享后领悟到：“真爱的顺序应该是先爱好自己，才有充足的爱来爱别人。养育好自己，才有心力养育好孩子。我也是一条生命哪！”

山子妈已经习得凡事先抱慰下自己，而且屡试不爽，她发现确实自己感受好的时候，更容易对孩子实施正确的育儿理念和方法。

每次觉察到情绪升起的时候，山子妈就会停顿下来，先倾听自己，听听自己的烦躁、抱怨、不满，然后再对自己说：“我听到了，我知道我已经很不容易了，我已经做到了当下的最好。”如此这般设身处地理解自己后，她便获得了正面的心理力量。

多次受益后，她开始尝试寻找小时候的自己，试图去抱慰那个时候的自己。有一次，她眼前再次闪过儿时“双手扒着幼儿园的栏杆眼巴巴等着爸妈来接自己回家的情形”，她决定好好共情下那个时候的自己。

那时候，她大约三岁的样子。她害怕爸妈不来接自己，害怕爸妈不爱自己了，害怕自己没人要了……

现在的她泣不成声，蹲下身来，试图去抱抱那个只有三岁的小女孩，她轻轻地告诉小女孩：“我看到了你的孤单和恐惧，以后我来陪着你，我来关爱你好吗？”

她看到小女孩犹疑和躲闪的眼神，于是继续诚恳地说：“你足够好，没有人舍得不要你。你是值得被爱的，当年爸妈那样对你，也有他们迫不得已的理由。真的，你是被爱的，随时你需要，我都来陪伴你，我爱你！”终于，她在心中拥抱了那个小女孩，那一刹那，她发现自己对爸妈也多了份释然和谅解。

山子妈反复练习，多次回到小时候的场景中拥抱那个时候的自己。熟能生巧，她逐渐能够很容易共情一路成长到现在的自己，她经常对自己说：“我看到了你这么多年的努力，你无需再苛责自己，也无需再证明自己，你已经足够好。”

她越来越平和，而她的平和淡定逐渐成为家里的定海神针，她正在经历“我若安好，便是晴天”。

拥抱被养育时的记忆

在养育孩子的时候，不管乐意不乐意，你会非常精准地再现当年自己被养育的那些体验。所有记忆的表达都是来助力我们成长，成就我们的生命走向完整和绽放的，只要意识到这一点，我们总有机会矫正自己。

现在为人父母的我们曾经也是孩子。做浩途家庭俱乐部九年来，我听过上千妈妈们的分享，感觉像是活了好几辈子。听得多了，慢慢发现了一个规律，就是当了父母后，在养育孩子的时候，你会非常精准地再现当年自己被养育的那些体验。不管你乐意不乐意，记忆总会寻找表达的出口。

莎莎的分享，让我印象深刻。

在她四岁的时候，有一次惹妈妈生气了，妈妈将她推出家门外，呵斥道："你站在门外好好反省下，看错在哪儿了！"她看到家门关了，听到楼下有小朋友玩闹的声音，便走下了楼，站在楼门口去看小朋友们玩。不一会儿，她的妈妈急切地奔下楼来了（她后来猜想是妈妈开门没看见她吓坏了，赶紧跑下来找她）。看见她后，妈妈便一把扯住她的胳膊，大叫道："谁让你下来的！越来越不听话了！"

长大成人后，这种儿时往事早已尘封。

从三十二岁开始，她做了全职妈妈。儿子四岁时，一件意外的小事帮她重现了童年的那段记忆……

有一天吃早餐，儿子端着牛奶杯跑到沙发那里去喝，不小心打翻了杯子，弄脏了地毯。她心中腾地升起一股难以遏制的怒火，完全忘记了各种正确的育儿方法，直接将儿子拎了起来，打开家门，将他推搡出去说：

“你出去！瞧你把家弄得这么乱，你要气死我还是要累死我？”

她将门啪地关上的一刹那，眼前忽然闪现了曾经很久远的记忆。

一闪念，她迅速打开门，看见儿子乖乖地站在门口，两眼含泪。她一把扯住儿子的胳膊，大叫道：“让你站这儿你就站这儿呀？你不会下楼去玩吗？”望着儿子无辜的泪眼，她失声痛哭了起来。不用照镜子，她都知道自己的表情语气像极了当年自己的妈妈。

在育儿过程中，常常会再现我们被育过程中的碎片记忆。这些记忆的表达，必然有其积极的现实意义。尘封的记忆在三十二年后打开，是为了还自己一份公正、清明、透亮。这是心的诉求。当年四岁的那个小女孩，面对妈妈暴怒时候的无奈、无力，终于在三十二年后，被看到被听到：妈妈，你的暴怒伤到了我，让我觉得自己不够好。虽然现在妈妈不在身边，但是已经成人后的莎莎可以抱慰那个小女孩，让这段记忆得以抚慰和完结。

懂了曾经的自己，便懂了现在的孩子。这是记忆重现的另一个很重要的积极意义。如同曾经的自己，四岁的孩子尚不具备能力去理解和消化妈妈的情绪，孩子需要妈妈的理解和帮助。

所以，莎莎在自己的心情平复后，需要对孩子说明白：“妈妈刚才看到地毯弄脏，觉得清洗很麻烦，所以发脾气了。你撒了牛奶这件事做得不对，但不代表你不好，好孩子也会犯错误的。你帮妈妈一起收拾，好吗？”

作为父母，无需自责为啥学了那么多育儿理念和方法还是会面露狰狞，只需要记得每个记忆再现是为了给我们机会来疗愈自己，有着非凡的积极意义就好了。

我记得，有一次我陪七岁的龙儿在小区花园玩，他玩得兴起不肯回家。我一扭头便自己走掉了。“你再不走，我走了啊！”这句话我没说出来，却在脑海里冒了出来，而且显然不是我的声音。当时我一激灵，马上停住了脚步。基于经验，我知道这是儿时某个记忆碎片在表达，我小时候肯定被大人这样对待过。难道我还要这样对待我的儿子？不！我回身又走到了儿子身旁，当时龙儿已经停止玩耍，有些慌张和不解地四处张望着，他肯定不理解妈妈怎么忽然消失了。一眼看到我，龙儿喊道："妈妈，我在这里！是不是你也一下子看不到我了。你也很着急吧？"我心里很感动，立刻回应道："妈妈刚才想事情，随便溜达了几步，到那边去了。没事，你继续玩。咱们十五分钟后回家。"龙儿痛快地答应了，开始安心地玩起来。我知道他刚才展示的慌张和不解肯定是我儿时有过的，我轻轻拍了拍自己的胸口，对自己说道："我收到了。"记忆传递给我的信息，我收到了，我对自己对孩子对他人又多了一份理解。从此这类记忆便不再出现了。

有一位浩途资深会员曾带着九岁的女儿出去做客，她在众人面前要求女儿做一件事，被女儿不耐烦地拒绝了。当时有人便批评她女儿怎么可以这么对妈妈说话，这位浩途资深会员淡然一笑说："肯定是以前我这样对待过她。"这是另外一种记忆再现，也是我们每位父母迟早都会面对的，我们今天怎样对待孩子，将教会孩子今后如何对待我们。

我们对父母的态度，大多数时候也是父母曾经对我们的态度。我们上有老、下有小，唯有带着觉察，及时拥抱记忆的表达，才有可能不再重复被育过程的不当和暴行。

宝妈有两个儿子，当哥哥上小学时，弟弟才一岁多一些。一天晚上，六岁的哥哥和一岁四个月的弟弟在床上蹦跳，一不小心，哥哥把弟弟的鼻子碰流血了。

宝妈很紧张，好不容易把弟弟处理好了。没一会儿哥哥又跑过来了，非常紧地抱住弟弟。弟弟不喜欢被这样紧紧抱着，害怕得哭了起来。

宝妈力争温和地告诉哥哥快放开弟弟，可是哥哥却抱得更紧了，弟弟也哭得更凶了。

终于宝妈怒了，朝着哥哥的屁股打了几巴掌。哥哥大哭着松手了，同时大声抗争着："妈妈打人了！打人需要去门外思过！"宝妈怒气冲冲地瞪着哥哥吼道："你搂着弟弟不松手，他很害怕，你这样算两倍的打人，你更要去门外思过！"

这时候宝妈从哥哥的眼中看到一丝恐惧闪过，好熟悉，却又想不起来在哪里见过。

后来有宝爸的介入，事态才平息下来。

夜深人静的时候，宝妈开始回想那一闪而过的恐惧眼神。这个场景多么似曾相识。哦，那是自己儿时面对愤怒的爸爸时恐惧的眼神！

宝妈的原生家庭里有五个兄弟姐妹，每个人都很害怕爸爸。每次吃饭的时候，全家人都小心翼翼的，生怕哪句话说错了惹怒爸爸，他瞬间就可能掀翻桌子，那全家人都甭想吃饭了。宝妈每次单独遇见爸爸，都像老鼠见了猫，想逃。

已经成人的宝妈，从来不觉得可以向爸爸倾诉自己的烦恼，各种重大事项也压根没打算征询爸爸的意见。每次打电话回到家里，只要是爸爸接了，她一定会说："我妈呢？把电话给我妈。"

宝妈意识到，愤怒的成人对面只能出现恐惧的小孩。

她叩问自己：我用同样的方式对待我的孩子，我可以预见如果这样下去，我的孩子们和我的联结也是断的——他们可能会孝顺我，但不会信任我。

这根接力棒，还要继续传下去吗？

不！

宝妈心中升起这个答案的时候，头皮一阵紧绷，她感受到急迫性，同

时她的心里热乎乎的。她知道孩子们的出现是来助她成长的，她将义无反顾地在育儿先育己的修行路上继续走下去！

所有记忆的表达都是来助力我们成长，成就我们的生命走向完整和绽放的，只要意识到这一点，我们总有机会矫正自己。

卸下盔甲，碰触内心的真实和柔软

对现实世界中的我们来讲，盔甲代表了那些看起来很美好的荣誉、身份及各种成功，但是要记得盔甲不是真正的你，盔甲下面的那份柔软和真实才是你。

看起来，生命是一代又一代向下的传承，是我们给了孩子生命。实际上，反而是孩子给了我们第二次生命，让我们有机会反思上一代的养育方式，并重新回到自己生命力受阻的某些点，重新养育自己。

若不是为了孩子，已经在江湖上摸爬滚打多年，牙尖嘴硬、浑身是铁的我们，谁愿意主动卸下一身盔甲，碰触自己内心的柔软呢？

我读过一本书叫《盔甲骑士》。这本书是罗伯特·费希尔探索生命本质的代表作品。文中那个传说中的骑士英勇善战，身着金光灿灿、耀眼夺目的盔甲。当骑士穿上盔甲出征时，村民们还以为看到太阳从北边升起，从东边落下。骑士身披闪耀的盔甲，随时准备跳上战马，向四面八方冲去，向邪恶的骑士挑战；杀死作恶多端的恶龙；拯救遇难的美丽少女……即使在家里，他也穿着轧轧作响的盔甲自我陶醉，吃饭睡觉都不愿意脱下，甚至连他美丽的妻子和可爱的儿子都记不清他的面容了，最后连他也忘记了自己的真面孔。

骑士把盔甲当成自己，卸都卸不下来了，这个故事寓意深刻。对现实世界中的我们来讲，盔甲代表了那些看起来很美好的荣誉、身份及各种成功，但是要记得盔甲不是真正的你，盔甲下面的那份柔软和真实才是你。

有时候，我会遇到一些访客前来体验浩途的沙龙，他们很诧异为什么短短两个小时的沙龙，每位会员都那么真诚，都能毫不设防地直面自己内心的柔软。那是因为浩途会员知道发生在别人身上的都是故事，发生在自己身上的才是经历。不用那么自恋，没有人真的那么在意你的故事，是你自己需要经由分享、超越自恋真实地面对自己的过往并理解自己生命的独特，是你自己需要珍惜第二次生命的机会，你只是为自己而做。没有了求认同的心理，也自然没有了恐惧和伪装。

就像盔甲骑士，是什么让他穿上了盔甲？是恐惧，金光灿灿的盔甲是骑士的保护层，掩盖了他所有的弱点。又是什么最终敲开了比金铁还要坚硬的盔甲？是骑士敢于直面自己脆弱的勇气，是他心灵深处喷涌而出的热泪使那身沉重的盔甲锈蚀、脱落！最后，骑士不仅重获了自由的身体，更借由全然自由的心灵体会到与宇宙融为一体的深刻感受。

骑士所体会到的感受，也是我自己行走在浩途这条路上九年之后体会到的感受。

作为浩途家庭俱乐部的创始人，我热爱浩途，是因为它让我脱去了在职场打拼时穿上的盔甲，让我重回心灵之自由。但是当我以浩途为终身事业之后，另一身盔甲却悄然而至……

第一次见到马哥和马嫂，我就感受到了他们对家长教育事业的热情。马哥讲述了他小时候被家暴的故事，他的爸爸妈妈总在吵架，只是在一件事上的看法高度一致，就是孩子不打不成器。所以打起孩子来，两人都毫不手软。实在受不了了，十岁的马哥甚至曾带着妹妹身无分文离家出走，搭轮船出逃到邻省的外婆家。

当马哥考上大学终于离开家乡的时候，他心里做了两个决定：一是，从此你们再也不能打我了！二是，我若有了孩子，绝对不会打他。

果然，马哥信守自己的诺言，和马嫂一起，不打不骂照样把儿子培养成了大学生。

我见到马哥两口子，是因为他们儿子到北京来上大学了，所以，两位也想到北京来寻找事业机会，尤其想从事和家庭教育相关的事情。

马哥对我的评价很高，说一看我便是很包容的人，有海一般的容量，怪不得姓海，怪不得能创建浩途。

基于彼此的认同，马哥成为了浩途的核心志愿者之一。我未觉察的是，“包容、海一般容量”这个盔甲已经悄无声息穿在了我的身上。第一次工作交流中，面对马哥的思辨和质疑，我竟然无法反驳，因为我觉得自己应该包容，应该有海一般的容量。幸好，那时我已经习得，只要我的心惹上一点灰尘，便特别不舒服。尽管当时自己并没有捋清楚原因，我当天还是在一位可信赖的工作伙伴面前流泪宣泄了一下。

也许是因为我对这个盔甲的认同，更多的志愿者发出了类似的声音：创始人的格局起决定性作用，心有多大，世界有多大……现在回想起来，那时候我的笑容已经趋向于职业化，温暖、接纳、有爱。

那段时间，我和大家讲得最多的是：“浩途是为了支持我们自助成长而诞生的，如果它支持不到我或者大家的成长，不存在也罢，没有谁非要通过浩途成名成家。外在世界有那么多必须和应该，至少我们可以为自己创造一个地方，在这里，对自己有全然的接纳和允许，想做才做……”然后便有很多志愿者果然想不做便不做了，说撂挑子就撂挑子了，意见不合便不继续了，不断地挑战着我的包容度。

直到有一天，我爆了，而且一爆再爆。有一次，我竭力说服马哥让他听进去我的意见，未能遂愿。我气急败坏，直接拎起一把椅子向马哥扔了过去。

马哥离开了核心志愿者团队。

我开始了长达七个月的反刍。感恩浩途每周一次的沙龙，我坦诚地在里面分享我的体会和感悟，倾听和共情着我的悲伤和难过。越是坦诚的分享，越不容易受到伤害，越容易接收到爱。我知道每个人都行走在自己成长的路上，只有诚实和真相才能让自己自由。还好这个盔甲穿上的时间不长，花了七个月时间，在共情主题里我锲而不舍地共修，每次向前推进一点，逐渐看到了年龄越来越小的自己，甚至感知到了尚在娘胎的自己。症结逐渐明朗了起来。

我刚出生一个月，便被送到了二姑家。因为当时爸妈都没法照看我。尽管爸妈在能够照看我的第一时间便把我接了回去，并一直对我宠爱有加。可是设身处地地感知那个一个月大的婴儿，没有人告诉她发生了什么，忽然就换了个全然不同的环境，当时的感受必然是很无措、很没有安全感、很恐惧。

在一段冥想的音乐中，我回到了一个月大的时候，充分地体会着当时的感受。我深切体会到我的惶恐，莫非我被抛弃了？为了不再被抛弃，我开始展现我可爱的笑容……

是的，是同样的原因。恐惧让我愿意穿上盔甲，因为我怕被抛弃。我愿意让别人觉得我温暖、接纳、有爱，让别人愿意围绕在我身边。

盔甲本身不是我，而我本来也具备温暖、接纳、有爱的力量，只是我还有苛刻、挑剔、自恋，盔甲下面的全部真实才是我。

我就是我，完整而不完美。有了全部清醒的觉察，做浩途便是我的选择，不会是对我心灵的捆绑。

当心灵不被捆绑，与宇宙融为一体才成为可能。我相信人与人的相遇是为了给彼此的心灵解绑的。同一个事件，对每个人的意义却不尽相同。马哥在深度觉察后，也收到了这段相伴而行的旅程对他的意义，他在无意识中把我塑造成了他的父母。抽身出来后，他清醒地看到了他和权威的一贯相处模式：抗争加逃离。

觉察即自由！我和马哥再次见面聊天时，对彼此都多了一份释然和理解。

每个人行走在自己的人生路上，都很不容易，我越来越懂得，人和人之间能做的只是相互陪伴和支持，谁也不能替谁去活。

因为经历，所以懂得。我深切地经历过，所以懂得倾听、共情只不过是在“拂尘”，让我们看到“台”，看到羁绊自己生命力的线索。真正“拆台”，打破人生脚本的循环，还需要对自己多些耐心，勇敢地去行动。

共情四步走

1. 共情孩子
2. 共情自己
3. 拥抱记忆
4. 坚守真实

接纳力修炼术：共情

1. 练习说出孩子的感受。

每一天孩子都会经历一些事情，体验到一些感受，练习用描述性的语言，说出孩子的感受，例如：妈妈看到你摔了一跤，很疼吗？或者，爸爸听你和朋友打电话的时候说话声音越来越大，是生气了吗？

2. 练习说出自己当下的感受。

用这样的句式："我看到我……我感觉到我……" 例如：我看到我劳累了一天，特别希望孩子乖乖听话，孩子一哼哼，我感觉到我的烦躁感就升起来了。

这样的句式，能够让我们抽身出来看着那个有情绪的自己。

3. 练习回到小时候的某个场景中，说出那个时候自己的感受。

可以为自己放一段冥想音乐。将自己带回到儿时有强烈情绪体验的某个场景中，体会自己的感受，并用同样的句式说出自己的感受："我看到我……我感觉到我……"

4. 留意记忆的碎片，如果有些想不太清楚的往事出现在脑海，先去捕捉，写下来，再去感受，理解它要告诉你什么信息。

5. 平时总会有些人评价你，记录这些评价，在独处时叩问自己：这些评价是真的吗？听到这些评价的感受是什么？这些评价的反面，你是否也有？如果听到反面的评价，你会是什么感受？

划界限

养育孩子是一个逐步放手的过程，父母需要得体地退出。怎样做到得体？在孩子练习做自己领地主人的时候，守在一旁陪伴和支持孩子，欣赏地注视着孩子逐步将他自己的意识充满他的领地，这便是得体。

搞清楚关系版图中自己的领地

倾听、共情是洞察我们内在空间的工具，就好像要先搞明白房间里都有啥一样。划界限则好像重新规划房间，需打洞钻墙拆台扔东西，让我们获得虚、弱、柔的空间。

如果我们在孩子长大的过程中给予他一份虚、弱、柔的接纳，孩子便能在逐步扩大对世界认知的过程中，既承认外在世界的真实，又不丧失对自己的悦纳，习得让自己一生幸福的能力，多好！

但是，即使我们知道父母的接纳力可以成就孩子的幸福力和接纳力，也很难做到。一是因为我们小时候没被这样全然对待过，二是多年在江湖上行走，我们的思想里塞满了各式各样的声音和评判；我们的心灵里住满了各种对未来的恐惧和担心；我们可能已经不习惯流泪、已经对种种“感受不到”无动于衷……

就像一个房间住久了，塞满了东西，必须清理才能获得空间。倾听、共情是洞察我们内在空间的工具，就好像要先搞明白房间里都有啥一样。划界限则好像重新规划房间，需打洞钻墙拆台扔东西，让我们获得虚、弱、柔的空间。不易！我看到很多浩途会员愿意在倾听、共情中逗留，留恋在自己所塑造的理想母亲的摇篮里，却很难有耐心很难下得去狠手对自己进行实质性的清理和重塑。

我曾用了七个月觉察马哥带给我的礼物，之后用了近两年时间，我才真正拆台获得了自由。人都是在关系中获得成长的。我们需要先搞清楚自己所属领地，然后再重新绘制自己的关系版图。

中国是重视亲情的国度，人们在上有老下有小的亲情关系中划清界限、搞明白自己的领地相当不易。这在两件事中可见端倪，一是隔代养育，二是家长陪孩子写作业。

上午 10 点多钟，随便到北京的一个小区广场去看，带着婴幼儿晒太阳的大多数是姥姥姥爷爷爷奶奶，还会有几个保姆，但鲜有爸爸妈妈们亲自带孩子的。孩子是谁的孩子，是爸爸妈妈的孩子。为什么爸爸妈妈不自己带孩子呢？因为……省去一千字，家家都有本难念的经，但是说到底，还是因为爸爸妈妈需要去挣钱。

晚上 8 点钟，如果有机会巡视有小学生甚至中学生的家庭，恐怕一半以上的家里，爸爸或者妈妈在陪着孩子写作业呢。

看起来每一代都在主动替下一代分担责任，实际上每一代的界限都被侵犯，每一代都活在高度警觉无法放松的状态中。

啸啸两岁十个月了，啸妈已经和公婆一起生活了将近三年。从坐月子开始，啸妈就在吃公公做的菜。公公做菜不仅量大，而且总能把好好的蔬菜炒得烂烂糊糊的，看着就不舒服，吃得也不舒心。啸妈暗暗叹气：唉，老这么下去，只怕都能吃出胃病来。

啸妈虽然心里不舒服，却不敢表露任何的抱怨。自己要上班，公婆白天已经帮带小孩了，而且一天三顿饭地伺候着。怎敢不知感恩？

啸妈也不是不会做饭炒菜，主要是家里的工作划分貌似固定下来了，公婆做饭，啸妈下班回家主要陪孩子玩。公婆时常会为晚饭做什么怎么做拌嘴，搞得啸妈更不敢进厨房了，免得把不快惹到自己身上。

公婆也挺注意边界的，只要是啸妈放的东西，他们连碰都不碰。有时候啸妈忘记收洗干净的衣服了，他们也绝对不会帮忙收一下。

虽在同一个屋檐下，相处却不自然，彼此都是表面上的应付。啸妈觉得很不舒服。

实际上，啸妈不舒服的反应再正常不过了，这是排异反应（rejection)。就好像移植一个别人的肾到自己体内，身体必然会有排异反应一样，那是异体组织进入自己体内激发免疫功能带来的不可避免的结果。对于身体来讲，除非自己的肾真的不能工作了，才会移植别人的肾。啸妈所代表的父母们，是否叩问过自己和另一半："一定要接受其他人进驻家庭长期来协助自己，否则就无法胜任家庭重任吗？"

人都是趋利避害的，请老一辈来帮忙照顾孩子，表面上看蛮占便宜的，可是，如果认识到弊大于利，也许会有不同的选择。

成人后为什么要成家？

因为家是一个让人放松的地方。家是可以让人获得心灵慰藉和力量，能够满血回归重新面对外在世界的地方。

啸妈本应是这个家的主人，由于自己没有完全担起主人的责任，在让渡部分责任给公婆的时候，也让渡了部分主人的权利给公婆。结果这个家不能完整地属于任何人，家中的人都处于警觉状态。

人在警觉状态下是无法放松的。

一直处在警觉状态会很辛苦，对谁都一样。

我记得龙儿快出生时，我和龙儿爸商议怎么带孩子，我曾提议请老人过来协助，被龙儿爸否决了。他说："如果我们自己养不了，何必生！"因为他的坚持，我们连阿姨都没有请过。在关键时候，他甚至辞职当了全职爸爸。我这才发现，没什么不可能的。互联网时代，在家也联通着全世界，挣钱和照顾家是可以兼得的。

家的放松、安全、温暖，对于未成年的孩子来讲是至关重要的。爸妈所营造的温暖、和谐是孩子获得休憩恢复力量的源头。而孩子需要面对的小朋友交往，需要完成的各种作业，那属于他的外在世界，是需要他自己去征服和面对的。他并不需要你晚上如此辛苦地陪他做作业。

我曾经看过《穆桂英》这个电视连续剧，我特别喜欢穆桂英的大将风度。在一次穆桂英挂帅指挥的战役中，她在完成部署后，想和夫君杨宗保吃顿团圆饭亲热一番。杨宗保特别不理解，觉得战役即将打响，怎么还顾得上卿卿我我！穆桂英坦然说："我做了元帅该做的，现在轮到士兵们做他们该做的了。"杨宗保却拂袖而去，登上城楼和士兵们一起搬砖，他认为要和士兵同甘共苦。所以杨宗保不是帅才，他拼的是力气，不是智慧。

拼力气的父母，常常吃力不讨好。当我想法设方想让龙儿认识"差"字，当龙儿爸为了龙儿的作文着急上火时，都是在拼力气，没讨到什么好处。

小雷刚上一年级，雷妈按照老师的布置，协助小雷听写生字。小雷写完就跑掉了，雷妈细心地一一检查着，看到错误就大声喊小雷："你过来看一下，又有一个错误……"小雷在另一个屋子里不耐烦地说："你就不能给我画下来嘛，一个一个说我得跑多少趟？你能不能不要再唠叨了！"雷妈有些委屈，说："我就是给你画下来让你一起改，只是同时告诉你一声。"

小雷站在妈妈身边，很生气地说："我不想听！我不改了！"

雷妈维持着自己的耐心说："不改也行，老师也会判的。再说以后考试你不也得检查呀？"

小雷更加生气了，喊着："我就不改了！"

雷妈依然苦口婆心："实际上，对错都无所谓，写错字了也不代表你不好。"

小雷怒了，推搡着妈妈："你走！你走！"

雷妈满腹委屈地离开了。过了五分钟，小雷从自己屋里出来，拿着碎纸来找妈妈，说："我把语文书撕了。"雷妈惊呆了，问道："为什么？"小雷这样表述道："刚才好像什么东西顶着我，顶到头顶了，我必须要把那个东西发出来！我就把书撕了。"

这暴脾气！雷妈无奈地摇摇头，说："那书撕了怎么办？"

小雷已经完全平静下来了，他说："我再拼上吧。"后来小雷花了半个小时去拼和粘，大致恢复了语文书的原貌。

本来，雷妈为小雷听写完生字就可以离开了。查不查错，改不改错都是孩子自己的事。人人都需要有一块自留地，能够自己说了算，按照自己的期望去打理。雷妈多余使的力气，侵犯了儿子的"自留地"。小雷很准确地表述了领地被侵犯时的那种愤怒："好像什么东西顶着我，顶到头顶了，我必须要把那个东西发出来！"

在上有老下有小的亲情关系中，不管有多难，年轻的父母们，你的小家是你的领地，你需要当好自己家的主人，营造一个温暖和谐的氛围。除此之外，放过老人，也放过孩子吧。

在行动中忍着痛划清界限

划界限必然带着痛！在下定决心划界限之后，我们自己同样需要时间来矫正行为习惯、适应新的关系模式，需要对自己多些耐心和允许。

划界限最重要的是行动。在已经习惯的亲情关系版图上重新界定边界，重塑关系模式，其中必然会有痛。在倾听、共情中觉察越深，在划界限的时候就越可以稳、准、狠地下手。当然我也看到另外一种走向，觉察后便觉得看见了理解了就接受了，不用改变什么。这种走向带来的是，未来一次次重复之前的行为模式和关系模式，同时伴随着一声无奈的叹息："我就是这样的，我知道会是这样的结果。"这不是接纳，只是接受，是心中还有那个条件和要求但是达不到便接受现状罢了。而接纳则是清空了那个无形的条件和要求，获得了心中的一片澄明和豁达。

划界限不易。我看到，能够切实开始行动、在关系中划界限的多数是为了孩子。奇妈是浩途会员，在听了我的讲座"孩子的幸福力来源于妈妈的接纳力"后，决定划清界限，放手孩子的学习。

奇奇上小学一年级的时候，奇妈按照老师的指令，给孩子听读课文、听写生字，检查口算题等等，每天折腾到很晚。她没有时间陪孩子玩，只有周末能够喘口气。

现在奇奇上二年级了，奇妈听了讲座后，觉得真的不想再卷入孩子的学习当中了，劳神耗力还破坏亲子关系。她也想做回妈妈，不再当家庭教师了。

于是她决定放手了。

她对奇奇说："学习是你的事，妈妈再也不管你了。当你需要妈妈帮忙的时候可以来找妈妈。”结果，连续三天，奇奇回到家后都先玩而不理会作业。等到写作业的时候已经很晚了，奇奇困得使劲拿手揉眼睛。奇妈真是又心疼她，又气不打一处来，心想早干吗去了！

奇妈很抓狂！孩子持续这样下去可怎么办？会不会成绩越来越差，然后就跟不上了？难道就只能忍吗？还可以做些什么帮助孩子走向自立？唉，已经说了不再管她的学习了，总不能马上又说话不算数吧？奇妈在忐忑中煎熬着。

第四天，奇奇的班主任老师发来短信，批评奇妈："最近是不是没人管孩子？连续三天作业都没做完，你们家长需要注意了！"

晚上，奇奇放学回家，委屈地对奇妈说："妈妈，老师说了，我是个没人管的孩子！"

奇妈几乎要崩溃！真想一切恢复原样。她倾听到自己的抱怨、焦虑、担心……老师怎么可以当着孩子的面这样说话！怎么就叫没人管了！可是，如果再开始管孩子的学习，岂不是前功尽弃了，以后再放手，难度会更大！她稳定了下心神，心想：这节骨眼上可不能动摇。于是，她用尽可能平静的语气对奇奇说："那你需要妈妈帮忙吗？"

没想到奇奇坚定地说："不需要！"奇妈心里更抓狂了，质疑道："那你能按时完成作业吗？"奇奇倒很淡定："能，大不了我早上起来写呗。"果然，第二天早上，她真的就是早饭也不吃，开始补写作业。

奇妈更纠结了！早饭不吃好，一天的精力怎么保证？

任何一段关系在重新划定边界时，心理上都有个重新确认和适应的过程。当奇妈将作业的归属权交还给孩子的时候，孩子会试探：我真的可以决定要不要写作业、什么时候写作业了吗？奇奇的先玩后写作业就是试探；试探出归属权后，孩子才能对归属权放心，进而才能出现真正的担当。比如奇奇在明确了归属权属于自己后，就有担当了——早上起来补作业。当然，孩子担当的方法也都在尝试中，不一定是最恰当的。但是，渐渐地，孩子会摸索出对自己来说最经济的方法。

孩子需要空间和时间来找到自己的节奏。允许孩子在小的时候找到属于他自己的学习节奏是风险值最低的。如果孩子的作业归属权被剥夺得过久，孩子就会越来越丧失把控它的能力。到时候，辛苦的是家长，痛苦的是孩子。有位妈妈曾给我留言：孩子上高中了，她已经不敢尝试放手了，只好陪读到最后。而所谓的“最后”，不过也就是护送孩子考上大学罢了，难道父母能够陪孩子一辈子？

幸好有每周一次的沙龙共修，沙龙陪伴和支持着奇妈经历了一波又一波的心理煎熬，牢牢地守住了界限。将心比心，作为随时有能力有权利去越界的成人，忍住满腹的焦虑、担心，主动约束自己不越界，多么不容易！若不是为了孩子一生的幸福，谁能坚持得住呢？

奇妈决心这次一定要坚持到底！每天去接孩子放学前，她都要给自己打气，调整好心态。她对自己说：不管孩子成绩怎样，我都爱她。

这一天，奇妈去接孩子放学，她主动对孩子说：“奇奇，不管你的考试成绩是多少，就算是倒数第一妈妈也爱你。”本来，奇妈这话首先是说给她自己听的，是为了不断暗示自己朝着这个方向努力。没想到，奇奇竟然答道：“妈妈，我今天语文就是考了倒数第一。我考了62分，结果全班同学都疯传说我考了26分，都在嘲笑我。”

天哪，太戏剧性了吧！

要搁以前，奇妈肯定会大喊起来了：“什么，你居然考了倒数第一。”

这次，奇妈成功地按捺住自己的原始冲动，尽可能平静地说：“哦，这62分是没有人管你的状态下，你自己做到的，这62分中的每一分都是你的努力，是你自己挣来的！妈妈为你感到骄傲！”

奇奇听了，小脸放光。奇妈继续说：“咱都最后一名了，不会更差了，只会更好了。”奇奇竟然点点头，开心地蹦蹦跳跳地跑回了家。

那天晚上她还是不着急做作业，就在玩，还在剪纸，玩的都是她小时候的那些把戏。奇妈心里那个急呀，这孩子，都倒数第一了还不知道上进！这妈妈的接纳力真的能够成就孩子的幸福力吗？哎呀呀，急死人了！不过，她心里知道，这些着急属于自己，和奇奇没有关系。

修习划界限的好处就在于，我们知道：我的情绪属于我，和别人没有关系；我的心理活动属于我，和别人没有关系；我的想法属于我，和别人没有关系。在下定决心划界限之后，有一段时间都需要靠默念这些口诀度日。我们自己同样需要时间来矫正行为习惯、适应新的关系模式，我们同样需要对自己多些耐心和允许。奇迹通常在我们完全放下期待的时候才会出现。

奇妈过生日那天，恰好单位加班，她没能早回家，也没能接孩子放学。没想到，她回到家中，竟然看到了家里张灯结彩。她看到了奇奇这些日子剪的纸灯笼，很漂亮，有一种灯会的感觉！

奇奇跑过来，扑到奇妈怀里：“妈妈，生日快乐！”奇妈的眼眶瞬间湿润了。要知道，女儿好久没和奇妈这么亲近了！一年级的时候，女儿甚至对奇妈说：“妈妈，我越来越不喜欢你了，我更喜欢爸爸。因为爸爸从来不凶我。”可不是吗！家里管孩子学习的人主要是奇妈，奇爸从来都是好好先生，这些事从来不插手。

晚上，奇妈开心地和奇奇玩在一起，好像回到了女儿喃喃学语的时候。奇妈感叹：那时候怎么会想到有一天，会有个叫“作业”的东东插在母女俩之间！

整晚，奇奇都没有打开书包。奇妈心里隐隐记得作业这件事，但她也没提。

清早，奇奇很早爬起来，头没梳脸没洗饭没吃，就开始写作业了。这一次，奇妈真的看到了孩子小小肩头上的担当！

孩子天然具备创造幸福的能力，就像花儿就是要绽放一样。他们所需的是我们父母接纳力的滋养，如同花儿需要土壤、水分和阳光一样。

奇妈借由划界限在修炼接纳力。她用了“口是心非”法，就是心里尚没有达成百分百确信，嘴里已经坚定地说出来了：

即使你考最后一名，妈妈也爱你——这传达的是一种接纳。

你考了最后一名，其中的每一分也是靠你自己的努力挣来的——这传达的也是一种接纳。

已经是最后一名了，咱们只会更好了——这传达的也是一种接纳。

这种接纳的力量已经在滋润孩子的内心。

开始着手划界限的时候，必然有一段是“口是心非”的，嘴巴说的是划清界限之后的关系版图，而心里则还在调适阶段，还挣扎在过去的关系版图和未来的关系版图之间。

所有的改变几乎都是先说到再做到的。口和心的距离给了彼此缓冲的空间和时间。以口说的为准，不去逾越这个界限，同时在心里和自己较劲，慢慢清理和扭转自己的内在空间。这是划界限的必经之路。

关系版图通常是联动的，尤其在亲情之间。我们继续看奇妈的故事。

七岁的奇奇给妈妈举办了一个生日会，让奇妈特别感动。每次提及这个事，奇妈都会感叹：“生她养她七年多了，都没有受过这种待遇，这是第一次呀！”

正是这次意外之喜让奇妈感受到，放手不管孩子的学习是对的，能够迅速提升亲子关系的亲密度。

奇妈还骄傲地分享过，奇奇和一位一直为难她的男生成好朋友了。事因是，这个男孩的彩笔盒掉地下了，奇奇拦着其他同学说：小心点儿，不要踩到笔；还有当这个男孩往外跑时，奇奇提醒说前边有戴着红袖章的监管员，这个小男孩马上止步没有被罚站。然后这个男孩就跟她成为了好朋友。

奇妈暗自总结：看来我关注了奇奇的感受，奇奇的情商就显著提升了。这便是人际幸福力的提升吧。

刚刚坚持一个月，正当奇妈渐入佳境的时候，奇奇的姥爷不干了，竟然跑去向班主任老师告状，说这是要毁了孩子的节奏呀！姥爷苦苦哀求班主任说："他们做父母的不管孩子学习，还不让我们管！没办法呀，老师您一定要出面说说，要不然这孩子就被毁了！"

划界限必然带着痛！如果没有无论如何的坚持和伙伴的支持陪伴，很难真的做到。我记得奇妈当时很慌张地在会员群里求救，说她已经接到班主任老师的短信要求她当天必须到办公室来一趟。大家热心支招：去学校时，态度一定要好，让班主任放心，自己将会高度关注孩子的成绩；回家搞定姥爷才是关键，不能有内讧；然后对孩子该怎么做还怎么做，绝对不能半途而废。

奇妈轻松搞定了班主任老师，但是回到家，却和自己的爸妈发生了有史以来最大的一次争吵。

从奇妈怀孕，她爸妈就奔赴北京来照顾她了，已经住在一起将近八年了。一是因为奇妈是独生女，她爸妈本来就不舍得和女儿分开，二是奇爸经常出差有时在外地一待就是一个月，有老人在，可以搭把手。

老人一来，这个家基本就是老人说了算，吃什么穿什么用什么，什么时候该干什么了，老人都安排得妥妥帖帖的。奇妈什么都不用操心，只需要回来陪孩子玩，管管孩子学习。现在就这么一点儿事也做不好，老人不干了！

奇妈那天回到家，奇奇的姥姥姥爷如往常一般给她盛好晚饭，然后便开始了一番苦口婆心的劝说：“你能来北京，就是因为你考上了大学。你能考上大学，就是因为你小时候打好了底子！你知道爸妈在你身上下了多少心血吗？少壮不努力，老大徒伤悲！你现在不把奇奇的学习抓起来，以后会耽误她的前途……”

奇妈尝试着平静地解释清楚她的理由：“我小时候听话、努力、上进，是考上了大学，来了北京，进了这个房地产企业，可是我一直不敢越雷池半步，只是一个白领而已，事业上看不到前景。多少人跳槽走了，我却想都不敢想，创造力和胆量不知道怎的，完全被禁锢。我真的希望奇奇以后能成为一个独立的人，有自己独立的见解和创造力！”这些话本来是她进门前就想好的，可依然越说越激动。她带着哭腔说：“我从来没有为我的人生做过主，什么都是听你们的！我这辈子白活了！”她重重地将碗一推，不想吃晚饭了！

最终，争吵升级，奇奇的姥爷愤然说：“眼不见，心不烦，要不我和你妈回老家吧！”

奇妈竟然就答应了！

第二天回想起这事来，奇妈觉得自己真正经历了一次青春期叛逆。之前她从来没有拂逆过老人的意愿。可是为了保护孩子独立成长的空间，她觉得不能再迁就下去了。

后来和外地的奇爸通了电话之后，奇妈找到一个两全其美的方案。在同一个小区不远的地方，给姥姥姥爷再买一套房子，这样既有界限，又能在需要的时候伸把手。

看起来是为了给孩子争取一个成长的空间，实则也在为自己争取一个成长的空间。奇妈在三十六岁这年才真正断乳了！

觉察育儿难题背后的根源

一个人在生命早期所获得的认知常常成为今后生活的模板。解读过去的自己，能够清晰看到那个模板，这时候才可能更新模板。

划清界限，才拉开了折腾自己的序幕。因为没有别人可以被迁怒了，没有办法向外找原因了。因为，自己是一切的源头。

我对一位会员的分享记忆犹新，那是她刚开始修习“划界限”的时候。

娜娜强烈地感受到她特别想给女儿提供最好的东西，这时她体会到了妈妈对她的那份心意。所谓的养儿方知父母恩，就是这个意思吧。

娜娜理解了妈妈，她觉得以后应该接受妈妈给的东西。可是她心里还是有一点点抵抗，这一点点抵抗让她很难受，她清楚地看到自己的不乐意。“难道不管我需要不需要，我都得接受？”

这点不乐意又让她很理解女儿，对呀，应该尊重孩子，不应该强迫孩子接受大人认为好的东西。

娜娜觉得这些都快把自己勒死了，要接受妈妈的给予，不能对妈妈发作，要尊重孩子的不接受，不能对孩子发作。天哪，憋屈死了！于是，她只好找了棵树，冲着树哭了哭。

这就是在界限内折腾自己。没地躲没地藏，这个领地里只有你。在这个领地里，没有人和你演对手戏，所有的剧目都是你自编自导自演的，只要你愿意，你完全可以一目了然，看明白自己的每个面相。你既是付出方也是接收方，也许你既无法痛快付出也无法痛快接受，因为渠道不畅；你是独立的也是依赖的，也许你尚未真正独立，也尚未充分依赖他人，因为你还在挣扎……

奇妈开始独立带孩子，很快她就发现自己沦落成了奇奇姥姥的模样。每天早上先起床做好早饭摆在桌上，然后帮奇奇挤好牙膏，等着奇奇洗脸刷牙……

她发现奇奇姥姥说的话也从自己嘴里冒了出来："书包收拾好了吗？做完的作业放进去了没？带水壶了吗？"

当奇奇不耐烦的时候，奇奇姥爷的一套说辞也很自然地从奇妈嘴里流淌了出来："妈妈天天伺候你吃喝，你还不耐烦？"

在沙龙分享的时候，奇妈哭得稀里哗啦，她说："没想到，离开了爸妈后，我却成为了他们！"

是的，这就是真相。关系中所有的人都是来提醒你是谁的。他们在你面前呈现出来的，也都是你身上有的。

是的，这就是真相。你一个人独处时，真相会显现得更加真切。没有了借口，没有了可以听你解释的人，没有了争辩的对手，没有了可以替你背黑锅的人。你如困兽，看到真相，却被困在那里没法突破。

幸好可以痛哭。

眼泪是有疗愈作用的。了解了眼泪对自己的作用，你就不会再怕孩子哭了。

哭痛快了，想想自己要到哪里去，那个目的地才能带给你力量。

奇妈想起这一切的折腾都为了要培养孩子自立。于是，她重新扬起斗志，和孩子谈了一次：不仅写作业是孩子自己的事，洗脸刷牙吃饭收拾书包带水壶都是孩子自己的事，以后她不再提醒了。她负责的是做饭洗碗等家务。奇奇也没提什么反对意见。

奇妈不断地咬着舌头，忍住不说，不断地共情自己的不满、抓狂。眼瞅着奇奇今天忘了带水壶，明天忘了带作业，甚至还有一天出门忘了背书包，下楼才想起来。奇妈把“忍”字诀发挥到了极致！

日子一天一天地向前走着。

一天，奇妈加班，比平常晚回来半个小时。奇奇先被奇奇姥爷接到家里了，好吃好喝地待着。奇奇可享福呢，吃了不少零食。奇妈接了奇奇回来，煮了些速冻水饺，心想时间不早了，随便吃点儿吧。

没想到，奇奇坐到饭桌上，一看便不屑地说：“早知道这样，我还不如留在姥姥家吃饭呢。跟着妈妈，只能吃些速冻食品。没劲！”

奇妈一听便怒了！把饭碗一撇，说：“那就别吃了！”

奇奇“哇”的一声哭了，边哭边喊：“我不要和姥姥姥爷分开住！”

在关系中实修划界限举步维艰，每一股力量都在拉扯着你回归原来的关系平衡状态。有时候你已经很努力地迈步，还没走出多远，一件小事就能把你打回原形。

在浩途九年，我还没有看见谁只为了自己的成长而能越过“划界限”这个坎的。育儿先育己，是指以育儿为动力源的育己。我确实看到母爱的伟大，为了孩子一生的幸福才会不懈地折腾自己。浩途云集了成千上万的父母们携手前行，如同爬山，在蜿蜒崎岖的浩浩旅途中，你总能看到前面的人走到哪里了，他的孩子确实更加成熟、自由、绽放了。正是这彼此的陪伴和带领，支持着一位又一位的父母们砥砺前行。

划界限走不动的时候，好消息是，这个区域里绝对有个“台”，需要你通过倾听、共情把“台”明晰化。在浩途，我们特别鼓励会员跨主题共修，在修习划界限时，需要更深地修习倾听和共情，因为划界限的生硬能够带来更多的情绪体验，而每一个情绪的背后都有礼物，需要耐心地倾听和共情才能将礼物找出来。

奇妈在夜深人静的时候，开始叩问自己：为什么孩子一句话就让自己生气了呢？

因为她觉得自己被否定了。最生气的点，就是女儿那副不屑的样子，同样的表情她似乎在自己的妈妈脸上见过。

哦，是上初中的时候，中考模拟考试前一天自己感冒了，妈妈劝她请假别去考试了，免得考得不好拉低了平均成绩，影响自信心。但她还是去考了，果然考得不好。妈妈看到成绩单的时候说："我早说了嘛，你不听。就这种成绩还考什么重点高中，这不是给自己添堵吗！"妈妈当时就是这种表情，很不屑！

奇妈任由眼泪洗刷着自己的委屈和愤怒。良久，她逐渐平静了下来，问自己："为什么不屑的表情就能让自己这么难过？"

"因为，这说明我不够好！"

我看到年轻的父母们内在最多的"台"就是"我不够好"，尽管每个人的情形不同，指向"我不够好"的演绎通道却不尽相同。

这些"台"都是儿时就被筑成的。这也是为什么我在所有讲座中不遗余力地提醒父母们，在育儿中，孩子的行为可以被限制，可以被管教，但是请让孩子内心觉得他足够好。事做错了，不代表人错了，好孩子也会犯错。

正是因为亲历并见证过很多父母拆这个台的不易，所以拜托父母们如果带着觉察，就不要再给孩子筑这个"台"了。任何人，当把一个信息翻译成"我不够好"的时候，不可能不启动自我防御机制，就算小孩子无力对抗，也会自动选择防守或屏蔽。在这种状态下，你对孩子进行的教导大部分成了耳旁风，也没什么效果。作为亲生父母，如果你一定要攻入防线，用高压或者内疚感打破孩子的防守和屏蔽，那么孩子的内心就被你重创了，恐怕今生都难以恢复自信，难以获得内在的幸福。父母越努力，孩子将越受伤。

"我不够好"这个"台"怎么拆，取决于你划界限的深度和力度。如果你对自己的领地边界很笃定，那么拆台就是水到渠成的事了。

这是我当时为自己拆台写下的文字。反复读并记下自己当天的心得体会，会协助有效拆台。

在自己的领地里，谁有权利评判我够不够好？当然是我自己了！在这块领地里，只有我自己！我是我自己的主人！

我若安好，便是晴天！

曾经，我把父母的话或者社会上其他权威的话当真了，以为我自己不够好，我把自己思想、心灵、情感的大门打开，允许访客长驱直入，在我的领地里长期盘踞逗留。我甚至以为他们就是我，他们的一个眼神、一个评判、一声“嗨”都能让我吓一跳，让我警觉自己是不是又做错了什么。

现在，我带着觉察，听出来我脑海里的声音，是不同人在不同时期说给我听的话语，我知道这些话语曾经指导过我，保护过我。我带着感恩的心邀请这些话语离开。我会随时在自己需要的时候开放我思想、心灵、情感的大门，但是我同时拥有筛查、关闭、送客的权利。

我要全神贯注于自己的内在空间，让这个空间的每一寸领土都知道它唯一的主人，那就是我！

我已经足够好！所以我才会更好！

每个人都值得做自己领地的主人！我记得马哥离开核心团队的时候，我特别难过，总在想，肯定是我做得不够好，如果我能做得更好一些，他就不会离开了。七个月，我跨主题修习倾听、共情、划界限，在不同主题的沙龙里共计做了二十一次分享，只要想起这件事我就开始梳理自己。一开始，我以为这件事一定有礼物给彼此，我试图邀请马哥一起回看整个历程，后来我发现，我根本不能替他决定这件事对他的意义，我只能坚信这件事一定有礼物给我。虽然说一个巴掌拍不响，但是只要拍响了，就一定与我这个巴掌有关。

我全神贯注在自己的内在空间，在界限内不停地折腾我自己。惊诧地看到了我过往一生中很多重复的模式来源于生命之初的偶然发生。比如："二次确认"模式。

我一个月的时候被送到二姑家，等到一岁被接回父母身边时，就养成了一个毛病，睡觉的时候一定要摸着一个人的脸才睡。那个时候，我爸妈，我的三位姐姐，都被我这样折腾过，他们总得有个人陪我躺下，让我的小手在脸上抓着摸着，还不能躲开，他们只要一动我就会醒。等我长到两岁，这个毛病才逐渐没有了。为什么呢？当我共情那个时候的自己时，才恍然明白，我是害怕再被送走。感恩爸妈和三位姐姐对我的百般呵护和接纳，两岁后我终于重新对原生家庭建立了安全感。

这个偶然的发生造就了我后来"二次确认"的模式，我有几个一生的挚友，都是在关系很好的时候，莫名其妙地互相疏离，然后再在一起便成为经过考验的一生挚友，不用再设防，说什么信什么，交流简单直接，友情深厚绵长。

一个人在生命早期所获得的认知常常会成为今后生活的模板。解读过去的自己，能够清晰看到那个模板，这时候才可能更新模板。我在后来修习"立规则"的时候，实现了对自己人生模板的更新迭代。而在"划界限"的修习中，我获得的是对自己所属领地的主权！这是至关重要的。

我这么执拗地想在界限中务必折腾清楚自己，来源于我心中更大的愿景：让更多的孩子成熟、自由、绽放于爱与善良之中，让更多的家庭成为温暖、和谐、充满爱的归宿。

让自己认同一个更大的愿景绝对是爱自己的表现，这就好像找到一个大于一己之力数倍的拉动力，同样的修习时间内，事半功倍。

给孩子腾出一个成长空间

父母如果不主动退出孩子的领地，孩子很难把父母从自己的内在空间请出去。但是任何人的内在领地被侵犯、被肢解得七零八碎时，都会很痛苦。成熟的父母不是没有能力掌控孩子，而是能够主动约束自己，凭借接纳力，给孩子腾出一份成长的空间，让孩子习得自己掌握自己。

每个人的内在就像一个家，那是属于自己的领地。孩子从出生开始逐步建构自己的家。一出生，孩子和母亲是共生的关系，他以为自己和母亲是一个人。对于小孩子来讲，母亲具有无上的权利，可以随时推门进到孩子的内在，甚至最开始的时候，是小孩子苦苦哀求母亲的留宿和陪伴。这是孩子对母亲无限的信赖。他仰望着母亲，相信母亲会有把握，知道何时该给予自己怎样的支持，知道何时将自己引渡到父亲那里，并和父亲一起给予自己适合的带领和干预。

六岁的龙儿大呼小叫地跑上楼来，塞到我手里一个芒果，说："妈妈，你看这个芒果的皮都稀软了，是不是坏了？你吃吧。"

"啊？"我瞠目问道："你觉得坏了，让我吃？"

龙儿倒很坦然，他说："我不知道是不是坏了。我觉得你是大人，能判断出来可不可以吃。"我马上释然了。

这就是孩子对大人的信赖。孩子认为我们大人都是成人，成熟、有经验、有判断力。殊不知很多大人只不过是披着成人外衣的小孩，自己的安全感尚未获得满足。面对孩子的无限信赖，披着成人外衣的父母们常会滥用孩子的忠诚和信任，以自己的自恋和意志为准，让孩子活成了自己的附庸。

毅的爸爸去世早，寡母将他一手拉扯大，视他如自己的性命一般，对他进行全面掌控，从找媳妇到养孩子。已经三十四岁的毅实在受不了了，悄悄在远郊租了房子，秘密将一家三口搬了出去。毅的妈妈便找到了毅就职的公司门口，说看你往哪儿跑。

丽的妈妈去世的前一天，三十八岁的丽在医院陪床，睡在妈妈身边。妈妈忽然紧紧地抓住丽的手，嘴里叨念着："妈妈害怕那边！你陪我一起去！"丽吓得一蹦甩开了妈妈的手。妈妈随即仙去，留下了内疚的丽，丽好几年没能缓过心神。

父母对于孩子来讲，太强大了！已经三四十岁的孩子依然无法抵挡父母的意志，何况是尚未成年的孩子。

未成年的孩子，常常借着青春期的力量，放手一搏，突破父母的意志。

妮妮性格内向、细腻，初中的时候曾经表露出对音乐的喜爱，立志要自己编曲，做个音乐人。结果，这想法直接被爸爸给毙了。爸爸说："这条路太不现实了，得砸多少钱付出多少辛苦呀，不是我们这种普通人家能够承受得起的。"

现在妮妮上高一了，忽然就厌学了，死活不肯去学校了。

常有初中生或者高中生的家长找到我，说孩子在学校看谁都不顺眼，不肯去上学了！孩子回家就关上门不理人，是不是自闭了？孩子闹着要离家出走，啥话都听不进去。孩子竟然偷偷割腕，想自杀！怎么办？怎么办？

不用问，就知道这些父母们长期用自己的意志欺凌孩子的领地，现在孩子借由青春期带给自己的力量，在向父母亲抗争，想要赢取当自己领地主人的权利。孩子表达着自己强烈的愿望：我有选择权，我知道我想做什么，不想做什么！

青春期的他们如同拿着喇叭在叫喊:“我要做主人！”而之前，孩子实际上也在不断地发出信号，告诉父母我想要什么不想要什么、我想被怎么对待不想被怎样对待。如果父母肯倾听，是能听得到的。孩子也以为自己表达了，父母听到了。孩子心里会把父母当作成熟的人，他以为父母会考虑得更全面更有前瞻性。所以，如果自己表达了意见，父母仍然坚持，通常情形下，孩子一般都会优先顺从父母的意志。因为爱和信任，在没有证伪之前，孩子总愿意相信父母是为自己好。父母在未觉知的状态下，通常也觉得自己是为孩子好而且孩子也没有特别的反对，所以就替孩子操办了种种。

暑假到了，云妈想着儿子都十三岁了，天天猫在家里也不是个办法，应该锻炼下社交能力和英语口语能力。所以她便为儿子报名了省电视台举办的英语辩论赛，当然海选的时候是不上电视的。去参加活动的路上，儿子挺不乐意的，一直小声嘀咕着什么。云妈也没理会，反复强调着自己的初衷：“妈妈不在意你的名次，就是希望你多个机会和各种小朋友们接触、交流。”

活动完后，小云浑身不自在，不耐烦地对妈妈说：“都是陌生人，谁也不认识谁，也没兴趣认识！”云妈很受伤。

父母对孩子这种自以为是的爱比比皆是，超越自恋去理解孩子不容易做到，主动去维护孩子的主权就更难以做到了。

开心三岁了。有天吃饭的时候，爷爷坐在了奶奶的位置，开心就说：“爷爷，你坐的位置不对，这个是奶奶的位置。”爷爷看着开心认真的表情，觉得好玩，便逗她：“我不想坐我的位置，就想坐在这儿。”开心有点生气，声音很大地冲爷爷喊：“啊！”爷爷还在继续逗她：“爷爷好怕啊！”开心就用更大的声音冲爷爷喊：“啊！”

奶奶在旁边，笑着对爷爷说："让你敢占我的位置，我孙女是好惹的吗？我们多厉害啊！"当时开心的妈妈和爸爸也在场。开心妈听到女儿的喊叫声里透出的是愤怒，她心里也在替女儿呐喊："爷爷，你为什么不能坐到你自己的位置上呢！"但是她作为现实世界中的成人，知道爷爷奶奶没有恶意，他们逗孩子是觉得好玩，也是喜爱孩子的一种表现方式。

听着开心越来越大的喊叫声，爷爷扭头对开心爸说："你管不管你闺女啊，她又朝爷爷奶奶喊了！"开心妈赶忙轻声提醒了女儿一声："开心，你别喊了。"开心爸的语气也不重，只是说了一句："不许这么大声地冲爷爷奶奶喊！"没想到开心一下子特别愤怒，使劲地哭了起来，哭得特别伤心，最后都吐了。

孩子哭得特别伤心难过，是因为没有获得爸爸妈妈的理解，甚至被最信赖的爸爸妈妈顺手欺压。其他大人不懂孩子的需求，孩子尚有心力去呐喊、去抗争。而爸妈稍微的背弃却会让孩子伤心难过至极！

这孩子正处于秩序敏感期，是内在的秩序感驱使孩子向至亲的家人发出请求："请给我一个事件能够稳定有序发生的空间，让我逐渐建立对这个世界的安全感吧。"爸爸妈妈这时候需要为孩子站出立场，替孩子说出心声："你特别希望爷爷坐回自己的位置，对吧。"也可以协助孩子向其他大人解释理由："孩子正处在秩序敏感期，特别感谢您的配合，我们协助他顺利度过这个时期，他便能养成平和、宽容的性格。多谢您支持！"

当然也要允许其他大人的不配合。大人不愿意配合孩子的心意坐回自己的位置，也是现实生活中的一份真实，孩子不能如意，哭很正常。爸妈陪着孩子哭完整个历程，孩子也会对现实世界多一份理解和接纳。但是绝对不要允许其他大人逗孩子玩，更不要做其他大人的工具来压迫自家的孩子。

孩子小的时候，需要爸妈协助保护孩子的领地边界。在刚刚改革开放、大批人员出国的那个时期，我听闻过一些故事片段，中国人捏了人家孩子的脸蛋夸了句真漂亮，结果被人家外国父母义正辞严地要求向孩子道歉，原因一是捏脸蛋侵犯了孩子的身体界限，二是夸真漂亮夸的不是孩子通过自己努力可以达成的行为，会误导孩子。当时我还很年轻，听了之后觉得外国人太较真了，现在我却深以为是，认为这样做绝对是有必要的。孩子虽小，但他作为独立人的尊严不可侵犯。尤其是，当我体悟到一个人在生命早期所获得的认知常常成为今后生活的模板后，我认为小时候孩子的尊严尤其重要。

尊重孩子对自己身上所发生事情的知情权。即使给新生儿换尿布，也请告诉他正在发生的事情："妈妈要给你洗洗小屁股，水有些凉哦，然后妈妈要给你擦干，换上干净的尿布……"即使亲生父母有各种客观的原因无法照顾婴儿，也请告诉他："宝贝儿，爸妈爱你，但是由于迫不得已的原因，需要暂时将你寄养，不是你不可爱，不是你不够好。我们都爱你。"

不要因为自己的面子而牺牲孩子的尊严。当有外人逗弄孩子，捏孩子脸蛋，让孩子喊妈喊爸，假装要孩子的东西等等时，请对外人说NO，即使这个外人是孩子的爷爷奶奶叔叔阿姨，或者是抬头不见低头见的邻居。因为爸爸妈妈，你是孩子在这世上唯一的靠山！谁都代替不了你在孩子心目中的位置！

在孩子长大的过程中，我们需要：

1. 学会为孩子做主，保护孩子的领地边界。

2. 协助孩子认识并确定自己的领地边界。

3. 在孩子练习做自己领地主人时，守在一旁陪伴和支持孩子。

4. 欣赏地注视着孩子逐步将自己的意识充满他领地的空间。

5. 带孩子认识他更大的领地边界。

能做到这几点的父母绝对是懂得爱的父母，是自我成熟，能够为自己领地做得起主的父母！

父母如果不主动退出孩子的领地，孩子很难把父母从自己的内在空间请出去。但是任何人的内在领地被侵犯、被肢解得七零八碎时，都会很痛苦。成熟的父母不是没有能力掌控孩子，而是能够主动约束自己，凭借接纳力，给孩子腾出一份成长的空间，让孩子习得自己掌控自己。

奇妈现在连奇奇在哪儿吃饭都放开了，奇奇常常在姥姥姥爷家吃完晚饭，就回到自己家，用挂在脖子上的钥匙开门，进门就忙着写作业。每次姥姥姥爷挽留她多待会儿，她都会说："我还有作业呢。"

奇妈问过："你也可以在姥姥姥爷家写作业呀，为什么非要回到咱家来写？"

奇奇说："我一个人写，能写进去。"

奇妈特开心地看到孩子将自己的意识贯注到写作业这件事里了，这件事真的成了她自己的事了。

有句话说：养育孩子是一个逐步放手的过程，父母需要得体地退出。怎样做到得体？在孩子练习做自己领地主人的时候，守在一旁陪伴和支持孩子，欣赏地注视着孩子逐步将自己的意识充满他的领地，这便是得体。

我想起我的青春期。为了彰显我有自己人生的选择权，我曾和初二的同学密谋过离家出走。为了积攒路费，我和同学每天到离家不远的一个印刷厂去收集被废弃的次品纸张，我们打算把这些纸张裁剪装订成小本子，手掌大小，方便学生揣在兜里，上面可以写个英语单词、历史事件等，随时拿出来记一下、背一下。

我的爸妈很得体，权当不知道我的小秘密。

我塞在床下的纸张越堆越多，我妈妈还给我找了个更大的纸箱子来保存这些纸张。

最后等到我和同学真的将这些纸张订成本子，打算销售的时候，已经过去一年的时间了。考上高中，我们各自有了新的同学，时过境迁，也不再提那个看起来很幼稚的离家出走计划了。等到我考上了大学，第一个暑假回家，我妈问我："床底下的那一箱子纸和本还要不？"我们娘俩笑谈了这箱子的来源。为青春期的创想画了个句号，点了个赞。

青春期是十八岁前最后一次生命力的冲刺，催动孩子在内心走向成人，拥有自我。拥有自我的人就是能够将意识充满自己内在领地的人。

陪伴着孩子，经历他零至十八岁的成长过程，时时带着这份觉察：他的领地在哪里？他是否被赋予了足够的空间去将他的意识充满他的领地？如此不断叩问自己，我们的"虚"空便越来越大，接纳力也越来越强了！

接纳力修炼术：划界限

划界限四步走

1. 搞清领地
2. 划清界限
3. 折腾自己
4. 允许孩子

1. 搞明白自己的领地，即区分“谁有问题”“谁遇到困难”“谁的目的没达成”，如果答案是自己，则属于自己的领地。

2. 属于自己领地的，仔细考虑并制订计划，让自己的意识充满自己的领地。

3. 属于孩子领地的，要忍心不插手。如果父母有任何情绪、感受，都属于自己的，需要对自己进行倾听、共情，在界限内折腾自己（拆台）。

4. 在孩子承担时，要给予孩子倾听和共情。支持孩子将他的意识充满他的领地。

（1）学会为孩子做主，保护孩子的领地边界。

（2）协助孩子认识并确定自己的领地边界。

（3）在孩子练习做自己领地主人的时候，守在一旁陪伴和支持孩子。

（4）欣赏地注视着孩子逐步将自己的意识充满他领地的空间。

（5）带孩子认识他更大的领地边界。

立规则

划界限和立规则是相辅相成的。划界限的目的是保证每个人充分拥有自己的领地，立规则是在界限清晰的基础上，为了保证人在社会中的共同利益而约定事情该怎样做，或者什么事情不能做。

找到心中想要依傍的准绳

立规则的目的是保护孩子、支持孩子今后在社会上走得顺利，获得一生的幸福。作为父母，在育儿中怎么立规则呢？养育孩子是一段漫长的旅程，聪明的办法是问问自己，你希望孩子长大以后成为什么样的人，然后从中提炼出内心认同的准绳。

划界限和立规则是相辅相成的。划界限的目的是保证每个人充分拥有自己的领地，立规则是在界限清晰的基础上，为了保证人在社会中的共同利益而约定事情该怎样做，或者什么事情不能做。

立规则的范畴太广，我们在本书仅聚焦育儿当中的立规则。

不知道有没有父母拿到这本书直接先翻到立规则这一章，想看看怎么给孩子定规距。在现实生活中，一些加入浩途的父母直奔“立规则”这个主题而来，因为搞不定孩子了，想看看怎么能够管住孩子，让孩子听话。而在共修后常常会发现孩子不听话的原因主要有两个：一是家长越界了，孩子在全力反抗；二是家长言行不一，被孩子吃定了。

有一个越界的极端例子。

倩儿四个月的时候，因为妈妈需要上班，便请姥姥来照看倩儿。姥姥从医生那里得知倩儿的体质需要多喝水，于是上了闹钟，每个小时都喂倩儿喝水，还定量，倩儿不喝够姥姥便不断往倩儿嘴里挤水。后来，倩儿一看姥姥拿来奶瓶就条件反射似的紧闭双唇，死活不张开嘴巴。可怜的倩儿，七个月开始便秘，需要打开塞露才能拉出一些来。

这便是侵犯了孩子吃喝拉撒睡的基本生存权了。孩子不得不奋力反抗，用如此严重的后果引起妈妈的注意。妈妈加入浩途的本意是想搞明白怎么自家孩子这么拧，这么难以管教。了解是界限问题后，她专门辞职在家带孩子，尊重孩子渴了喝、饿了吃的规律，孩子很快便没有任何问题了。

有个奇怪的现象，通常没有界限感、喜欢越界的大人，也常常是色厉内荏、言行不一致的大人，他们常常会被孩子搞定。倩儿上了幼儿园后，妈妈又去上班了，请来了姥姥协助接送。

倩儿四岁了，爱吃冰激凌，每次到小区广场上玩都要吃冰激凌。最近咳嗽，姥姥严厉地对她说："不能再吃冰激凌了，要不咳嗽会加重！"倩儿就哭，抓着小卖部的门框不走。姥姥没办法，又给倩儿买了冰激凌。

周日倩儿和妈妈在一起到广场玩，却不提吃冰激凌的事。因为她知道妈妈肯定不会给买，咳嗽就是不可以吃冰激凌的！倩儿沉浸在和妈妈玩游戏的过程中，特别开心。

倩儿的姥姥心中没有笃定的准绳，所以在孩子小的时候，听了医生的话照做，完全忽视了孩子这个当事人的反应。在孩子大一点儿有主意的时候，她又以孩子不肯为判定依据，被孩子轻松搞定。当然这也不能怪倩儿的姥姥，因为她不是孩子的父母，本就无需为孩子的养育担责。

作为父母，在育儿中怎么立规则呢？重中之重是要找到自己心中愿意去依傍的准绳。

规则是路径，规定了什么事情不能做，可以做的事情该怎样做。立规则的目的是保护孩子、支持孩子今后在社会上走得顺利，获得一生的幸福。养育孩子的过程是零至十八岁，在这个过程中，无数的细碎事情，事事制定规则要累死。聪明的办法是问问自己，你希望孩子长大以后成为什么样的人，然后从中提炼出内心认同的准绳。

比如浩途会员愿意去依傍的准绳是：让我们的孩子成熟、自由、绽放于爱与善良之中；让我们的家庭成为温暖、和谐、充满爱的归宿。这句话摘自心灵成长大师克里希那穆提的一本著作，在浩途称之为我们的愿景。也许有些会员还做不到，但是我们会以这个为准绳指导自己的育儿行为，并以此为依据制定育儿当中的规则。

实际上，在育儿当中遇到的琐事家家都差不多，两岁前是吃喝拉撒睡；两岁到三岁执拗期，孩子啥都说不；三岁开始入园，孩子却早上睡不醒晚上不想睡；六岁上学，看电视还是写作业又成了闹心的事；九岁了，课外班要不要上是个问题；之后还有小升初、中考、高考……

心中的准绳不同，在每件事发生的时候，选择便不相同。

比如孩子喝水这件事，若以成熟、自由为准绳，就不会主观地去设定孩子的喝水量和喝水时间，而是会按需喂养。我记得龙儿刚会爬的时候，家里的茶几上就放着他喝水的奶瓶，他渴了，随时可以爬到茶几那里，攀援着茶几腿站起来，拿到奶瓶喝水。在八到九个月的时候，他就成熟到知道自己渴了，可以自由地拿水喝。

有次讲座，一位老人家问我，成熟这个词用在孩子身上不合适吧。我解释说，成熟是指每个年龄段孩子能够为他力所能及的事情做主。当时我也举了喝水这个例子。在小区广场上，好多家长追在两岁到六岁的孩子身后喊："来，宝贝，喝点儿水。"这便是在打扰孩子走向成熟。不过，如果家长的育儿准绳是健康、平安，那么追着孩子喂水很正常。

记得龙儿四五岁的时候，在小区广场跑着玩耍，我坐在旁边和一些妈妈们聊天。忽然，龙儿跑到我面前说："妈妈，你怎么不像别的妈妈那样眼睛一直看着自己的孩子。你不怕我丢了吗？"我笑着说："龙儿，最能保护你的人不是妈妈，是你自己。你需要判断下周围的环境是否安全，判断下你一喊妈妈我飞速赶过去救你是不是来得及。"龙儿似懂非懂地点了点头。

当然，我还是警觉地监护着他的，心里对孩子的在意和其他妈妈没什么两样。只是我想带他去往的方向是生命的成熟、自由、绽放。所以我会倾向于让孩子自己保护自己的健康平安，而不是依赖我。

龙儿也有晚上不睡早上不醒的时候，他玩得投入、开心的时候，我有时候会陪着他继续玩，龙儿爸会提醒："到点儿该睡了。"他提示完就自顾自地去睡了，时常留下我和龙儿继续玩耍。晚上不按点儿睡早上醒不来很正常。龙儿爸会二话不说扛起龙儿就送上幼儿园班车。幼儿园三年，我们家从来没有迟到过缺席过。我们身体力行地教育了龙儿：自己玩得嗨很好，但涉及与社会有交接的地方就需要守时、守约。

在龙儿看电视的事情上，我也很担心他的视力。我直接在他的卧室墙上贴了视力表，并示范给他如何检测自己的视力。我告诉他，每个人只有一双眼睛，近视了很难恢复，需要好好爱护；同时，我告诉他看电视的时候要靠着沙发背，这样的距离恰好三米左右，能够让眼睛瞳孔不过度收缩，有助于保护眼睛；我还告诉他向远处眺望能够让瞳孔放松，有张有弛。那时候龙儿四岁，这样具体的指导能够协助孩子建立自控，比"少看些，远一些"的泛泛指导有效。

我告诉他这些后，心里就放下了这件事，真的将保护眼睛的重任交由孩子自己承担。有一次我看到龙儿在看电视的间隙向窗外眺望，我好奇地问："咦，窗外发生了什么好玩的事？"他说："没有呀，我往远处看，这样保护眼睛呀！"这再次验证了我的观点——孩子真的很愿意为自己的健康负责！确实，我不是他，我不可能知道每个最合适保护他的时间点，不如放手依靠他自己。

还有写作业。龙儿第一次做寒假作业的时候，我清晰地看到，每个孩子经历的事情都差不多，但是家长心中的准绳不同，整个事件的走向就会大相径庭。

小学一年级，放寒假了，龙儿拿了几页纸回来，分别是各科老师打印出来给家长看的学生寒假作业。我将龙儿叫到面前，对他说："因为你还不能认识所有的字，所以妈妈负责给你念完所有作业，你自己安排什么时候写什么作业，需要妈妈帮忙念题的时候你告诉妈妈，妈妈很愿意帮忙。"然后，我给他念了所有的作业，我心里就完全放下这件事了。到了快开学的前一周，我再次叫来龙儿说："妈妈再给你念一遍所有的寒假作业，你看看是不是都做完了，看有没有需要查漏补缺的。"

结果，我一项项地念，龙儿一项项地答，有的说做了，有的说没做。他说没做的，我便会发问："为什么这项没做？"他坦然地答道："说的是建议做，不是必须呀。"我定睛一看，果然有"建议"两字。我又问："另一项为什么没做呢？"他说："那项是可选呀。"我一看，果然，括号里写着"可选"。还有"最好能……"这样描述的，他也直接略过。

看来，放寒假时我念作业，他听得很仔细呢。很好呀，自律的前提是划界限，搞明白自己的领地。他把必须做的都做了，多余的一点儿也没做。我心里暗喜，他在为自己的领地做主。我没再多言，只是请他把寒假作业放到书包里，准备开学。

没想到开学那天，龙儿同学的爸爸找到我家，对我说："咱们联合起来和学校谈谈吧，才小学一年级第一个假期，作业量就这么大，太吓人了！我和孩子妈妈都直接帮着孩子写作业了，到昨天晚上熬夜才做完。"

我很惊愕："有吗？作业量很大吗？我没觉得呀。"

那位爸爸扳着手指头数着一项项作业，我听了，不自觉地把龙儿的话搬了出来："哦，那些都不是必须做的呀，是建议、可选、最好……就是说不做也行的呀。"

那位爸爸说：“这是小学第一次做寒假作业，我们很希望孩子的学习能有一个好的开端，我们不希望他第一次寒假作业就没做完。所以我和孩子妈都卷进来了，才发现他们的作业真的很难啊，量又大！我们想和学校谈谈。”

因为我没有同感，所以我很抱歉地拒绝了同往。

那次，我的感受特别深刻。我臆测这位爸爸心中的准绳里有“认真”两个字，恐怕还有“快乐”两个字，因为他舍不得孩子压力太大，才会出手帮忙写作业。

所以，我诚恳邀请各位家长叩问自己的内心：在育儿上，你心中的准绳是什么？如果用三个形容词来描述，你希望孩子是怎样的呢？

无所谓对错，只是为了保有一份清醒。知道是自己内心的准绳带来了一切的取舍和行为导向，为孩子造就了这样的成长环境，无需怨天尤人。

排除干扰，决定自己要做什么

父母决定自己做什么，才能发挥身教作用。要决定自己做什么而不是孩子做什么，决定自己做什么而不是其他养育人做什么，决定自己做什么而不是老师要求做什么就做什么。

知道了自己心中的准绳，下一步也绝对不是赤裸裸地要求孩子做到，欲速则不达。我一个亲戚家的男孩子，三四岁的时候聪明得很，到五岁时都能和电脑下象棋了。可是自打上小学，他妈妈就认为玩电脑是不务正业了，还曾当着我的面念叨他："就是不知道上进。"我知道"上进"是他妈妈心中的育儿准绳，可是这位妈妈的育儿方式太直接。"上进"赤裸裸的判定标准就是孩子是不是在做和学习、功课相关的事。如果不是，就一概打压，打压的方式常以立规矩的方式出现，比如：看小说、电视、玩 iPad 不能超过半个小时等。通常这样的孩子对学业的热情会越来越少。自己喜欢的事都被禁止了，凭什么要去做父母喜欢的事呢？后来，这孩子长大了，果然学习成绩越来越差，唯有数学还过得去，高考刚达技校的分数线。

我还认识另外一位朋友，他的妈妈和我亲戚很像。这位朋友已经三十多了，已经成人的他，回想起长大的过程，竟然是一个和妈妈因为看电视而斗智斗勇的过程。

他妈妈要求他每天放学要先写完作业再看电视，可是他很想先看电视再写作业。每天放学后，他独自一人回到家，总会先打开电视，同时警觉地听着楼梯的动静，一听到妈妈的脚步声，就马上关电视，回房写作业，好似一直就趴在书桌写作业的样子。妈妈也很聪明，伸手一摸，电视后面是热的就知道他刚关了电视，于是就会对他进行惩罚，比如，多练一篇字。

不过，道高一尺魔高一丈，后来他每次看电视的时候就在电视后面放一个风扇吹着，这样妈妈回来就摸不出来电视的热度了。虽然摸不出热度了，妈妈仍然怀疑他在看电视，于是在电视上盖了电视布，在电视布的每个角都放了一个硬币。第一次他不知道，一掀电视布硬币掉了一地，他心里发慌，不知道妈妈是怎么摆放硬币的。这一次他暴露了，又被惩罚了。于是他更加谨慎，下次看得更加全面些，如果有电视布就小心翼翼地掀开，看完电视后保证复原……

在斗智斗勇中，我这位朋友一直坚持着回家先看电视再写作业的步骤。考上大学后，他一直保持着这种叛逆和不相信自己做不到的精神，工作后，在运动鞋的设计领域颇有建树。他很上进，只是不太容易和上下级合作。

我详细比较了这两个家庭，发现我的亲戚自身不够上进，用了太多的精力管制孩子，决定孩子做什么，以至于孩子没有机会以自身的生命力突破各种封锁线，只好凑合着活在妈妈的掌控中。我朋友的妈妈自身足够上进，虽然对孩子有管制，但是精力不够，没法全面封锁。倒是妈妈上进本身有明显的身教作用。

我看到的是：父母决定自己做什么，就是在发挥身教作用。相反，如果父母重心放在决定孩子做什么，常常会破坏孩子自身的生命力。

决定自己做什么，而不是孩子做什么

每个人内心都有什么事可做什么事不可做的底线，往深了说叫价值观。我有一个被誉为家庭教育专家的朋友说过，家庭教育实际上是各个家庭价值观的传递，我深以为是。这和我说的心中的准绳是一个意思。这是家庭深层次的行事规则。

我听到过一个浩途资深会员的分享。她是我见过的最有接纳力的一位年轻妈妈。她分享过自己小时候的故事。

玲铛小时候特别爱哭，每次哭起来，惊天地泣鬼神，时间还特别长。

玲铛的妈妈是个家庭妇女，丈夫在外打工挣钱，她一人带大三儿一女。她唯一的爱好就是看戏。一听到村里来了戏班子，她就开始梳洗打扮，准备前往。

有一次，五岁的玲铛一看妈妈要出门看戏，就开始哭闹，不让妈妈出门。

妈妈仍然果断地将玲铛托管给邻居爷爷，自己去享受戏剧。

玲铛断断续续地哭，一直哭到妈妈看戏回来。

妈妈没有任何愧疚，对玲铛也没有任何的责怪，只是轻轻地抱起玲铛回家了。

玲铛现在也为人母了，她从自己妈妈身上传承了这份接纳和坦然。她能接受孩子的哭声，同样坦然地尊重着自己的爱好。可见，身教胜于言传，如果你内心很看重认真负责、好学上进、不屈不挠，自己做到就好了。你做到了，孩子自然就习得了。

我特别佩服玲铛妈妈的是：她决定自己要做什么，而不是决定孩子不要哭，不要闹，不要缠妈妈，要乖，要听话，要让邻居爷爷开心等。

当我们对孩子设定一个规则：你不可以哭！你可以哭，但只可以哭三分钟！你不许缠人！你要听话！这都是在试图决定孩子要做什么，不做什么。这种时候，我们就把自己的情绪控制权交托给孩子了，孩子照做我们便开心一会儿，孩子不照做我们便逐渐失去耐心了。当我们作为成人不能控制自己的情绪，开始挑剔、讽刺、大发雷霆的时候，则会在孩子心中筑下他不够好的“台”。

决定自己做什么，而不是其他养育人做什么

不是一家人不进一家门，成为夫妻的人大多具备相似的价值观。不过，相似中也有很多不同。比如：龙儿爸很在意坚持，我也很在意做事的持久性。但是我喜欢的是基于兴趣自发的做事持久，而龙儿爸欣赏的是无论如何先坚持，慢慢就体会到其中的乐趣了。我们俩在育儿中自然会有冲突。

在龙儿十二岁的时候，爸爸和他进行了一次谈话，龙儿答应了跟随爸爸每晚站桩半小时。

有一天，龙儿身体不太舒服，想歇一天。爸爸不同意，说练功贵在坚持，哪能随便中断呢。

我听到龙儿跑到卫生间干哕去了。我心里特别难受，便一闪身进了练功房，关上门对龙儿爸说："你是要让儿子恨上练功这件事吗？我也希望他能坚持，可是如果兴趣磨没了，是很难坚持的。你是不是想让他脱离你视线的时候，永远不再练功？"

龙儿爸梗着脖子说："你不要管！慈母败儿！"

还好，修过"划界限"的我知道：爷俩之间的相处是他们之间的事，我可以有我的感受、我的想法，但是我不能越界去干涉他们之间的相处。

这时候，我听到儿子的脚步正在向练功房走来。我赶忙闭嘴，推门出去了。

那天，儿子还是坚持了站桩半个小时。

第二天，我若无其事地碰了碰儿子的肩，说："昨天我听你都干哕了，还坚持了站桩，真是不简单！"看他没有什么特别的反应，我又由衷地向他表达了敬佩："快一年了，除了几个特别的日子，你都坚持练功，妈妈真的很佩服你！"儿子嘴角向上翘了翘，淡淡地说了句："没啥，坚

持了就坚持了。”

这个过程中，我应该决定我做什么，而不是老公做什么，尽管我表达了我的不认同，但并没有干涉老公的养育行为。因为一样的道理，当我们试图决定配偶要做什么，不做什么的时候，我们就把自己的情绪控制权交托给对方了，对方照做我们便开心，对方不照做我们便难过。好多先读了育儿书籍听了各种育儿讲座的妈妈们，在家里觉得越来越气闷，就是因为其他养育人的行为和自己内心期待的不符。这样下去，造成不和谐的家庭氛围，对孩子的不良影响更大。

在有些家庭中，养育孩子并不仅是爸爸妈妈的事，如果孩子没有满足爷爷奶奶姥爷姥姥叔叔婶婶等的期待时，就会被批评：“这孩子怎么这样？”这背后暗含着对爸妈的指责——你们怎么带的孩子？这时候，爸妈更需要决定自己做什么，而不是别人做什么！

闹闹今年三岁。每周六晚上，外地的爷爷奶奶都会与闹闹一家三口进行视频通话。

有一次，在视频中，爷爷要求孩子做一些问好打招呼等行为，闹闹没做，于是爷爷生气地说：“这孩子被惯得不听话了。”闹爸则转而指责儿子，要求闹闹立刻按爷爷的要求办，就这样别别扭扭进行了十分钟的视频通话。

闹妈知道儿子是惦记着继续和爸爸玩打架的游戏，刚才还没玩过瘾就被拎来视频通话了。所以，她对爷爷的评价不以为然。同时，她对闹爸指责儿子的行为有些恼火，不过，她什么都没说，依然平和地跟孩子进行了余下的活动，直到孩子睡着。

这个案例中描述了育儿中的多角关系。爷爷对孙子的要求，转化为爸爸对儿子的指责，又引发了妈妈对爸爸的不满……

然而，爷爷对孙子的要求，是爷孙俩的事，只要不是太过分，爷爷可以有自己的育儿观，可以表达自己的不满，表达自己的期待。爷爷的期待可以被满足或者不被满足。在爷孙俩的关系互动中，孩子在学习，他知道他能惹怒一个人，也可以积累经验并判断下一次是否取悦爷爷。

爸爸希望儿子能取悦爷爷，也在情理之中。爸爸的助力让关系呈现得更加复杂了一些，也让孩子的学习难度大了一点点。

妈妈如果想协助孩子的成长，可以客观描述刚才发生的事情，包括其中爷爷的情绪、爸爸的情绪、孩子的情绪。不带任何谴责性的陈述，能够让孩子静下来，从中有所领悟。

最重要的是妈妈的淡定，妈妈对不同情境的接纳，才真正能够支持孩子不把冲突翻译为自己不够好，才能让孩子有机会静下心来慢慢看清楚关系中的互动，吸收关系中的给养，逐渐长成他自己。

同时，妈妈无需替孩子委屈：凭什么孩子在视频中几分钟的表现就被爷爷否定；妈妈也无需想着如何引导爸爸更加替孩子着想。妈妈决定自己做什么就够了，要记得："我若安好，便是晴天。"

决定自己做什么，而不是老师要求做什么就做什么

在送孩子去幼儿园或者学校后，我们常常会得到老师对孩子表现的反馈，而且我们确实也需要老师的视角。只是别忘了，学校教育也是为咱家孩子健康成长服务的，千万不可本末倒置，对老师的所有要求唯命是从，忘了孩子的健康成长才是根本。

默默比龙儿大一岁，两人是儿时的玩伴。各自上了初中后，便没有再在一起玩耍了。

默妈有一天忽然给我打电话求救，说默默脸上长斑了，去看中医，中医说孩子压力太大了。和默妈交流，才知道孩子初二这个暑假是在一个补习班接着一个补习班的状态下度过的。一是因为爸妈上班都忙，孩子在补习班还能有个伙伴。二是班主任老师说了，初二是个分水岭，若不抓紧，初三就天上地下。这个暑假是最后一次查漏补缺，将学习底子弄扎实的机会了。

默妈问我，想给默默报个跆拳道班，让孩子释放下压力，并问龙儿愿不愿意一起去，这样有个伴。

龙儿比默默低一年级，开学上初二。我在放假前参加了他们的家长会，确实听到了类似的话语。当时，每位家长都坐在自己孩子的课桌前，聆听着各科老师布置暑假作业，老师们都很负责。我记得数学老师甚至在给每个孩子的成绩条上打印出来需要格外留意的项目，具体到几何辅助线等。

说实在话，我根本听不懂老师在说什么。平时我从来不过问孩子的学习，什么都是他自主完成，我也不觉得他的作业和我有什么关系。我特别不理解老师给家长布置暑假作业时的那种理所应当。似乎每位家长都在陪着孩子上初中，完全应该理解此情此景下老师的表达。

一散会，我立马和儿子说："老师说的我不懂，你的学习你做主。"儿子扑哧一笑说，"就知道你听不懂。"

假期里，我忙着我的事，也大约知道儿子安排着他的事。我们互不相扰，只有他需要我听他朗读英语课文并签字时才有交集。

我想说的是，从孩子入园入校，父母就开始收到老师的各种反馈：你家孩子打人了，需要家长配合管教；你家孩子总被人欺负，家长需要提升孩子心理力量；你家孩子不合群，需要家长引导社交；你家孩子成绩好，但是偏科；你家孩子上课不注意听讲，爱做小动作；你家孩子眼圈发黑成绩下滑，是不是最近爱打游戏机……

除了这些个性化的反馈，还有普遍性的提示，比如：初一相差不大，初二两极分化，初三天上地下。好吓人的话语，听起来也颇有几分道理。如果父母们被这一个又一个恐吓带领着，不能自已地往前行走，孩子们哪里还有自由生长的空间？

为人父母，需要有担当，听到这些信息和反馈，听到就好了，收到老师的视角和提点，适当留意，然后做好父母该做的事。父母最应该做，任何别人也替代不了的事情是：蓄满孩子的爱之杯。

记得幼儿园老师说我家龙儿刚上大班不懂怎么融入现有群体，我便设计了两款家庭游戏，一个是小熊上学，一个是摸栏杆游戏。两个游戏一静一动。小熊上学有些像脱口秀加情景游戏，将上学可能遇到的各种社交情景融合了进去，我带着龙儿一起自编自导自演。摸栏杆游戏则是在露台上疯跑，游戏规则简单易行，谁摸到栏杆谁就安全了，而赢的标准是看谁先找到当天指定的宝物。现在回想起来，这两个游戏中，小熊上学只玩了有限的五六次，而摸栏杆游戏却几乎是天天玩，陪伴了龙儿的幼儿时光。游戏的最大功效是孩子哈哈大笑，将一天的挫败等各种不良情绪扔到爪哇国，让爱蓄满孩子的心怀，第二天他又可以去面对新的人生课题了。我并不预设他第二天会遇到什么，也不试图帮他解决，我知道那些是他走向成熟、自由、绽放必经的练习之路。

小学的时候，老师反映龙儿爱做小动作，不专心听讲等。我觉得就是人生一个阶段而已。反正我牢牢守着妈妈的本分，家是讲爱的地方，孩子放学回来，我就是要让他收到爱。所以，每次龙儿一放学，我便问他：“什么时候有时间和我玩呀？”龙儿看着我迫切的神情，总是回答：“一会儿，等我写完作业找你玩。”每天晚上，我们都有愉快的亲子时光。

现在上初中了，有次我问起龙儿：“你觉得妈妈在你的成长中扮演了什么角色？”龙儿想了想，说了三个字：“陪我玩！”

确实，陪儿子玩是我作为妈妈做得最多的一件事。协助孩子释放压力，哪用去跆拳道馆，在家直接玩枕头大战就好了。我不管学校要求什么，我只牢记我心中的准绳，决定我该做什么。我要我的孩子成熟、自由、绽放于爱与善良之中，我陪儿子玩的时候，很开心，很幸福。

言行一致，孩子才愿意臣服规则

孩子根本不怕被管教，只要言行一致，立住规则，孩子很愿意臣服于规则。但有时候家长言行不一致，刀子嘴豆腐心，嘴上严厉行为上却顺从了孩子。这是因为心太好、心太软。这是溺爱，溺爱达不到真爱的品质！

社会上的规则纷繁复杂，不过基本上是为了保证不伤害环境、不伤害他人、不伤害自己而定。聚焦育儿范畴，孩子小的时候，我们作为父母常常脱口而出的一些话："别爬窗台，小心掉下去！""别碰电源插座，小心电！""别碰热水，小心烫！"这些话都是在保护孩子免受伤害。不可否认的是，这些规则基本是由父母先说出来，再行出来的。

孩子来到这世上，对世间的规则全然不知，唯一能够依赖的就是父母了。所以孩子对父母的信任和交托是天然的，孩子很愿意把父母的话当话。父母说出来的每句话，都有落地生根成为规则的可能性。

周末的上午，几家人去公园玩后一起到饭馆吃午饭。三个五岁左右的孩子都热衷于把餐桌上的转盘转来转去的。家长们各自随口对自己孩子说了些话：

A的家长说，转盘只能顺时针转。

B的家长说，你要把这个菜依次转到每个人面前。每个人都吃到才公平。

C的家长说，有人正在夹菜的时候不要转。你想吃哪个菜的时候，要缓慢地转过来，中途留意到有人要夹菜的时候，你需要放慢速度或者停下来等他夹完菜再转。

当天我在场。听到了这三种话语，看到了孩子们真的很愿意相信并遵从自己父母的教导。孩子 A 对 B 说:“我爸说了，只能顺时针转！”A 说着顺手使劲一转。孩子 B 说:“我爸没说顺时针！你等下，他还没夹到这个菜呢！给他转回去！”孩子 A 说:“不行，只能顺时针！”孩子 B 说:“不行，必须每个人都吃到这个菜，逆时针转也行！”孩子 C 说:“你们别争了，谁想吃哪个菜谁就慢慢转这个菜过来就行了。”

我当时心里很感慨，父母们只是随意应时应景说出的一些话语，便被孩子们奉若圣旨，作为自己行为的指南。我也看到了我们为人父母的局限性，生活场景变化多端，多数时候我们说话如瞎子摸象，给出的是片段性的真实信息。如果我们缺乏自省，随意间便消耗了一些信誉。在这个例子中，经过实践证明，C 的家长的意见最接近现实，可操作性强。孩子 C 会对自己的家长保有一份信赖。而孩子 A、B 则会在心里滑过一丝质疑。

当家长的话语越接近于真实的现实时，孩子越能够准确理解、接受和把握现实。当家长言行一致时，所言所行便立出了规则。比如下面这个例子：

龙儿不到三岁的时候，傍晚我们一家三口到楼下广场玩。考虑到有一段路比较黑，爸爸带上了手电筒，儿子好奇，伸手要玩。爸爸弯腰告诉儿子怎么使用手电筒，叮咛道：“就是不能磕碰到手电筒前面的玻璃屏，易碎。”儿子点点头。

爸爸在把手电筒递到儿子手里的时候，跟他强调说：“你得保证不往地下磕，要不就不给你玩了！”

儿子拿到手里，玩了一会儿开关灯。他蹲下，又拿着手电筒照地上，估计这样子看地有不一样的感觉。忽然，他拿着手电筒向地上磕了几下……爸爸一把抢过了手电筒说：“不能磕！”还好，屏没碎，儿子又伸手要手电筒。这时候，作为家长的你会怎么办呢?

A.再次递给孩子手电筒，并严厉重申：小心，别磕坏屏，要不不给你玩了！

B.“哦，我知道你还想要。但今天你磕了手电筒，说明你今天还不具备能力把控好它，今天不能再给你了。等你再长大一天，明天也许你就有能力把控它了。明天我再给你。”

你会选择 A 还是 B？

这种情景实际上每家都会遇到，你教给孩子一样东西的使用方式，告诉孩子不可以做什么，而孩子偏偏做了，这时候你会怎么办？拿这个例子来说，选择 A 的家长通常会暗自做个判断，危险不大，就算碎了屏也伤不到孩子，孩子那么渴望接着玩，别破坏了他的创造性，没准他会在地上看到什么稀奇事呢？于是，刀子嘴豆腐心，嘴上严厉行为上却顺从了孩子。这种言行不一致的做法，虽然满足了孩子短暂的需求，讨得他片刻的欢心，结果却会损害家长的信誉度，减少孩子对家长话语的信任。

这是我们家真实发生的例子，我选的是 B，话语温和而坚定，里面不仅没有谴责，还给予了孩子明天的希望。这样既告知了孩子这世间的逻辑，又能鼓励孩子自律。当时，龙儿爸拿着手电筒，我蹲下身子对龙儿说了上面这番话。龙儿平静地接受了当天他不能再拿到手电筒这一结果。

实际上，稳定的规则是孩子内心安全感的需要。

紫妈带八岁的女儿在外玩了一整天，回到家已经很晚了。女儿问：“妈妈，我可以不刷牙吗？”紫妈心想，这么晚了，女儿肯定特别困了，平时她就不爱刷牙，今儿这么累了，不刷也行。于是她说：“要是困了就去睡吧，不想刷就不刷了。”

没想到，女儿哭了，哭得还挺惨。她带着哭腔说道：“你知道不刷牙不好，会生虫子。你都不管我了，你不爱我了！”

天哪，原来她是这么想的。

家长太多时候不敢维护规则的一致性，是因为心太好、心太软、替孩子考虑太多。这是溺爱，溺爱达不到真爱的品质，孩子懂得！溺爱的时候，家长考虑的是自己在孩子心目中的好人形象，并不是全然为孩子的健康、安全、成长负责。

孩子根本不怕被管教，只要你言行一致，立住规则，孩子很愿意臣服于规则。规则就好像是一间房子的四面墙，如果孩子一碰墙，墙就往后移动，孩子便会不断地试探这个墙，看这墙有没有底线，反而无法集中精力享受在房间里的探索。而家长温和而坚定地坚守规则，才真的能够让孩子安心享受规则中的自由，激发和保护孩子的创造力。

同时，家长要随着孩子年龄的长大主动将墙往后移动，给孩子一个大的发挥空间，并逐渐让孩子参与制定规则。

第一次带龙儿进入超市，我对他说只能选一样东西买。四岁时，他获得了一个月可以选购一个大件的权利，即三十元左右的玩具；六岁之后，他获得了全年压岁钱的支配权……他在规则中练习和钱相处，将他的权利用得淋漓尽致。

虽然孩子的行为规则始于父母的话语，但经由言行一致、规则稳定，孩子越来越相信规则的时候，便越能独立于父母，敢于自己做主，并勇于面对外界的社会。反之，如果父母的话语阴晴不定，孩子摸不着头脑，反而不利于孩子的成长。

下面这个例子是典型的正话反说，反话正说。

凡妈看到最近儿子迷恋电脑，便想到在现代社会的现实环境中，网络、电子游戏盛行，让孩子毫不涉染是不可能的，大禹治水，堵不如疏。

于是她和十岁的儿子商量，在完成每日的必做作业后可以适当地玩他喜欢的电脑。她相信孩子会有他的判断和调控。

这天是周六，午饭后儿子竟然在电脑前坐了五个小时。凡妈让他午睡，他不睡。直到晚饭时分，他才离开电脑，到饭锅里盛饭。凡妈推搡着儿子说："你别吃饭了！拿电脑当饭吃去！"儿子坐在沙发上哭了。凡妈继续推搡他说："你上楼，继续玩电脑吧，拿电脑当饭当床当爹当妈！"

后来凡妈走到阳台看书去了，心想着儿子会如何自处呢？过了三四分钟，凡妈从阳台透过门窗、过道看儿子，他居然真的上楼又玩上了电脑游戏！

凡妈心里的怒火噌噌按不住，深吸一口气，她强忍着：看他玩到什么时候！凡妈其间反复几次偷瞄儿子，看到儿子都在心安理得、没心没肺地继续玩着他的电脑游戏。

凡妈也没心思看书了，干脆听歌，一分一秒，儿子居然能捧着电脑安如泰山！

晚上十点了，屋外狂风呜呜地吹着，门窗哐啷乱响。凡妈心里的怒火噌地爆开了，她冲到儿子面前，用镇定的口气淡然砸出："请问，你想玩到什么时候？有人不吃不喝玩了三天三夜死在电脑前，你玩多久能玩够？"

儿子很认真地转头看了凡妈一眼，又转回电脑页面看了显示的时间，很认真很平常地回答说："十点半。"

"还十点半，不够吧，要明天吧！不！明天还不够吧！好，今晚上到天亮，你眼一刻也不能闭，不能睡！"凡妈怒了，真想一掌下去打儿子几个脑袋瓜子！

儿子"哇"的一声哭喊道："不要啊！妈妈，不要啊！"

"不要？你不是很爱玩吗？"凡妈吼叫。

"是你叫我玩的，我不玩了，是你硬拉我叫我玩的！"儿子一脸责怪，一脸无辜。

“我让你玩你就玩！我叫你午睡，叫你写作业，你怎么不做！叫你玩电脑你就这么听话！叫你写作业你怎么没这么听话！”凡妈越说越生气：这孩子是缺心眼还是冥顽不灵，难道他不懂自己错在哪儿了？于是凡妈字字坚决地说：“我拉你玩电脑是因为我生气你玩电脑！不能做的事，即使别人强拉你，逼你做也不能做，而学习、作业是你该做的，即使你不喜欢也得做！这个道理我早就说过，你自己也该明白，没完没了地玩电脑就是不能做的事！”

儿子号啕大哭。

在这个案例中，孩子把妈妈的话当真，妈妈说可以适当玩下电脑，他连玩五个小时，很可能并不知道这么长时间超出了妈妈心目中的适当范畴。妈妈说不让吃饭，让继续玩电脑，他便继续玩电脑。当妈妈问还要玩多久的时候，他很认真很平常地答十点半。这就是孩子对父母话语的信任。

妈妈内在的准绳是希望儿子自律，她布下了正话反说、反话正说的迷魂阵，嘴里让儿子做的却是心中不愿儿子做的，比如玩电脑。嘴里不让儿子做的却是心中想让儿子做的，比如吃晚饭。最后妈妈才亮出底牌，原来她是不想让儿子没完没了地玩电脑。可是，怎样算是“没完没了”，妈妈仍然没有清晰的交代。是五个小时算没完没了，还是一个小时？最终还是要取决于妈妈的判断。孩子该怎样做才能达到妈妈心中的有自控力，怎样自处才能不激怒妈妈呢，恐怕只能学着揣度妈妈的心思，看妈妈眼色行事了。这与让孩子自律的初衷南辕北辙呀！

在立规则中疗愈自己

立规则的目的是为了保护孩子不受伤害，并让孩子逐渐熟悉世间事物的关系和逻辑。立规则是个试金石，规则立不起来时，通常那里有个“台”，而“允许”是拆台的有效办法。

父母比孩子先到这世间二三十年，占尽先机，只要不过分冒犯孩子内在生命成长的自然法则，父母只需言行一致即可立起规则。比如：看电脑一天不可以超过一个小时，如超过则连续一周不得开电脑。若说这是个规则，分秒之间就能立起来。可是为什么父母们在立规则上还需要动用情绪的力量，还有那么多心理上的起伏跌宕？

虎妈加入浩途，直奔“立规则”这个主题而来，她希望能够让孩子不尿裤子。

这天，虎妈得知三岁半的儿子在幼儿园又尿裤子了。她很重视这件事，细细问来，儿子说：“老师说了，吃饭和做操时不能去尿尿。”虎妈便愤怒了，凭什么吃饭和做操的时候不能去尿尿，管天管地还管得了这个？她对儿子说：“我要给你老师打电话，问问到底是怎么回事。”儿子的表情很无所谓。

虎妈便给老师打电话了。老师回答说：“吃饭和做操的时候建议不去尿尿，非要尿尿的时候举手就可以了。”

放下电话，虎妈更生气了，她冲着儿子喊道：“你想尿尿，为什么不举手告诉老师？”

当时虎妈分享的时候，我在场。她向大家求助怎么面对孩子尿裤子这件事，沙龙里有妈妈就说："哎呀，三岁多的时候就是爱尿裤子的时候，有什么好担心的？要是我，就给他带七条裤子，看他能尿湿几条！"

我问虎妈："你是不允许孩子尿裤子吗？"

她说："不是。"

我继续问道："你是觉得他不敢问老师，不敢举手，这个让你受不了吗？"

她愣了一下，点点头。

我继续问道："你是受不了儿子的'不敢'，还是你需要面对的是你自己的害怕和恐惧？"

这句话一说完，虎妈的眼泪一下子就出来了。

之后的几次沙龙里，她连续做分享人，终于看到了早在儿时就埋下的恐惧和挣扎。

她小的时候被寄养在亲戚家。很多时候，她不敢提要求，回想起来，那幅画面就像在眼前：夜深人静的时候，她躺在床上，脸冲着墙壁默默流泪，不敢发出声音。晚上想起夜，她也会尽量地忍住，生怕吵醒了别人。

我对她说的这一番话记忆犹新。她说："我这样疼惜儿子，只是想疼惜当年那个小时候的我！我觉得他是因为恐惧和害怕不敢举手，而实际上他根本不是这样。看来我无需努力去给孩子我当年所缺乏的。"

孩子尿裤子是生命成长的一个过程，不属于立规则的范畴。立规则的目的是为了保护孩子不受伤害，并让孩子逐渐熟悉世间事物的关系和逻辑。所以，想尿尿的时候举手，这可以是一个规则，我们可以介绍给孩子并让孩子逐渐掌握这个规则，仅此而已。

那些多余的情绪、想法和感受，都和这件事本身无关，只和妈妈的成长经历有关。立规则是个试金石，立不起来时，通常那里有个"台"。

觉察即疗愈。虎妈将自己的情绪和孩子划清了界限，她做到了只是温柔地提醒儿子："想尿尿的时候可以举手告诉老师。"同时，她开始直面自己的恐惧和害怕。她对自己说："我已经是成年人了，我有了自己的家，我是主人！我可以决定自己做什么了！"

她在日常生活中，也开始刻意留意自己的不敢、恐惧。

"五一"期间，她带儿子回老家，专门去了趟小时候被寄养的大姨家，她再次感受到了自己的恐惧。当儿子和大姨的孙子争抢一个玩具时，她竟然一把夺过了自己儿子手中的玩具，递给了大姨的孙子。她敏锐地捕捉到，自己还是特别害怕惹大姨生气。

夜深人静的时候，她脸冲着墙壁默默流泪，仿佛回到了从前，那么孤苦无依。她恨自己白天没能为儿子做主。她在内心为自己鼓气："我能决定自己做什么！我是自己的主人！"

第二天，她一直暗暗提醒着自己："如果孩子们之间再有冲突，我可以做到不插手，那是孩子们之间的事情。"果然，儿子和大姨的孙子又冲突了。这次，虎妈忍住了。她带着强烈的觉察看着自己的胆怯，就这样看着……

过了一会儿，孩子们又和好了。虎妈什么都没有做，但是她知道，这几分钟对于自己来说如同一个分水岭，从此，她可以不一样了！

虎妈的"台"是对自己的恐惧、害怕感到羞耻，却又无法控制自己的恐惧和害怕。这个台的筑就，是因为她小时候寄人篱下，一次次孤独地面对自己的恐惧，为了生存，又一次次否定自己的恐惧。

当虎妈能够看着自己的恐惧，和它们共处而不带任何谴责和批判时，她就开始"拆台"了！

“允许”是拆台的有效办法。

虎妈那段时间对恐惧、害怕、胆怯等感受特别敏感。每次一觉察，她便对自己说：“我看到了我的恐惧，我允许它在这里。”然后，她发现了自己怕黑、怕听哀乐、怕别人对自己大声说话……那些曾经埋藏在黑暗里，压制在地下室的情感，就这样慢慢地，逐一地跑了出来，见到阳光，就消散了！

虎妈发现自己越来越清亮了，也越来越柔软了。

有次我见到她，问她：“最近孩子还尿裤子吗？”她愣了一下，想了想说：“哎呀，我都忘了有这事了。好像儿子最近也没怎么尿裤子了。”然后她又说了句：“这三岁多的孩子正是尿裤子的时候，尿了就洗呗，没啥大不了的。”

确实，心里清亮了，再看事情的心境就完全不同了。我见到一个又一个的浩途会员如出水芙蓉一般，逐渐变得靓丽而柔软，这是支持我做这项公益事业的动力源。好多在浩途获得成长的会员们，都特别开心地介绍浩途给自己的朋友们。

浩途有个规则，访客免费体验沙龙两次后即须决定是否缴纳会费成为会员。

虎妈收获了质的成长。她开始带她最要好的朋友到浩途来。可是朋友不是她，并不能体会到她的感受。虎妈的热情有些受挫。她开始质疑浩途的规则，为什么只能体验两次而不能多体验几次呢？不是公益事业吗？干吗不更加开放让更多的人参与进来？

浩途是一个实修的场，将育儿所需的十二种能力设计在各个环节当中。规则是中立客观的，当会员立不起规则的时候，说明这个地方有个“台”。

虎妈是家里老小，排行老五。家里孩子多，妈妈又有病缠身，所以她才被寄养在亲戚家。后来妈妈早亡，爸爸另娶。她一直寄人篱下，直到考上大学，来到北京，经过一番拼搏才将家安顿在了北京。

虎妈说，加入了浩途，她觉得有家了。这里温暖、安全、接纳。

我看到过很多妈妈一旦把浩途当成娘家，各种小女孩的委屈感就会出来。虎妈对浩途的抱怨就仿佛她对妈妈的抱怨："为什么不能让每个孩子都留在你身边？"

浩途的规则对所有人都是一致的，一切的情绪实际上只和当事人自己有关。我通常会建议当事人坚持在行动上执行规则，同时观察情绪的波动。有时候，行动是更有力量的疗愈。能决定自己做什么的时候，基本上就离拆台不远了。

"台"的具体内容各有不同，不过基本上与母爱的缺失、父爱的不足相关。倾听、共情就如精神分析法，能够让人找到"台"的源头，而划界限、立规则更像行为疗法，只就事论事，不问缘由，聚焦当下：什么事是我盘子里的，我该怎样做。

妞爸头天晚上出差回来在隔壁房间睡觉，早上他睡眼惺忪地起来。

妞妈看到妞爸手腕上戴着个像手表一样的东西。妞爸解释说是用来监测睡眠的。妞妈顿时发火了，感觉没有必要，睡觉戴着那么个金属玩意怎么可能舒服呢！妞妈开足火力集中对着那块表说事。

不到两岁的妞妞也学着妈妈的样子对老爸大呼小叫的。妞妈看到女儿这样对待爸爸，心里有些自责。

事后，妞妈怎么也想不明白到底自己当时为啥向老公发那么大的火。

这是一个网友在我个人订阅号上的留言，想让我协助她找"台"。我对她一点儿不了解，无法仅凭这些文字就洞察她。所以我回复说，搞不明白为啥发火就不搞明白了。反正一个人看到别人没有按照自己的期待行事，生气很正常。最重要的是，你要问问自己要过什么样的生活。比如，你想要一个温暖、和谐、充满爱的家吗？为此你愿意怎样做呢？你能够无论如何做到吗？

我记得在我所在的浩途分部共修立规则的时候，我们共识了家庭和谐的规则：爸爸是要被尊重的，妈妈是要被宠爱的，孩子是要被爸爸和妈妈无条件接纳的。然后我们就各自在日常生活中练习无论如何都去做，尽力做到。我还记得有位资深会员生生地要求自己那一周无论她老公说什么，她都回答："Yes，Sir."就好像有个寓言故事讲的，"老头子总是对的"。她老公的良好回应则很好地协助她塑造了自己新的行为模式。

接纳力修炼术：立规则

立规则四步走

1. 找到心中准绳
2. 决定自己做什么
3. 言行一致立规则
4. 以行动来“拆台”

1. 叩问自己内心。在育儿上，你心中的准绳是什么？如果用三个形容词来描述，你希望孩子成为怎样的人呢？是成熟、自由、绽放，还是快乐、健康、负责任？

2. 叩问自己为了兑现心中的准绳，你自己决定做些什么。

3. 留意自己的话语对孩子行为的影响，留意自己的话语与真实的现实之间的差异，觉察自己的局限性。要求自己尽可能言行一致。觉察自己的所言所行是否符合心中的准绳。

4. 在执行规则的实际行动中“拆台”。

（1）请记住规则是中立的。

（2）留意执行规则的过程中的各种情绪感受。

（3）不带任何谴责和批判地与各种情绪、感受相处，顺藤摸瓜，找到“台”。

（4）遵循自己心中的准绳，无论如何坚持采用新的行为模式实现“拆台”。

我信息

“我信息”是一种表达方式，不伤害别人又能清晰地表达自己的现状、想法、感受、需要。在夫妻关系中，常用“我信息”能够真正营造一种亲密、和谐的夫妻关系。在育儿当中，常用“我信息”会让孩子了解父母的心意和需求，能引发孩子自觉的合作。

脆弱式表达让关系更亲密

“我信息”的表达有三个要素：事实、感受、影响。我信息的精髓所在是脆弱的表达。脆弱的表达，是极具人性化的互动，能快速建立人与人之间的亲密感。不仅对孩子，对爱人、对家人和朋友都有同样的意义！

“我信息”是一种表达方式，不伤害别人又能清晰地表达自己的现状、想法、感受、需要。相对应“我信息”的是“你信息”。“你信息”顾名思义，是以你开头的，通常用于对别人给予忠告、评判、指责、要求。“你信息”通常带着咄咄逼人的气势，而“我信息”相比较来说，是一种脆弱的表达。

在育儿当中，常用“我信息”会让孩子了解父母的心意和需求，能引发孩子自觉的合作。常用“你信息”则会让孩子产生内疚感，觉得自己不够好，从而引发孩子消极抵抗、做事被动。

对一个很疲劳、不想和五岁的孩子一起玩的妈妈，“我信息”是这样沟通的：“我累了。”而“你信息”是这样沟通的：“你真烦人。”

“我信息”传达的是妈妈当时的感受，指向妈妈；“你信息”是以孩子为指向的，无法传递妈妈的感受。第一个信息容易被孩子解读成关于父母的事实陈述。第二个信息容易被孩子解读成对自己的评价。

以下是孩子对妈妈的语言的解读：

妈妈疲劳→对孩子说“我累了”→孩子觉得“妈妈累了”

妈妈疲劳→对孩子说“你真烦人”→孩子觉得“我很坏”

同一件事情，父母用“你信息”表达和用“我信息”表达会引发孩子完全不同的应对。

丽妈和九岁的女儿丽丽之间最大的矛盾来源于练琴。

丽妈总是指责女儿："你怎么总是这样？""你看看你……""你就不能……"

女儿被丽妈逼迫着练琴，开始厌恶钢琴、厌恶妈妈。母女俩之间的关系越来越紧张。

丽妈决定从用"我信息"来表达开始，着手改善母女关系。

当一个人从惯性的方式改到另一种不熟悉的方式时，是很难的。刚开始，丽妈不知道如何用"我信息"来表达，好几次她还没想好怎么表达，情境的发展就过了最佳发言机会了。而令丽妈惊奇的是，当她因不会而选择不说时，变化就已经开始了。

丽丽家的规定是7点开始练琴。

有一天，都7点多了，女儿还没开始练琴，她主动找到丽妈说："妈妈，你是不是一直忍着？我觉得你不一样了。我告诉你一个秘密，我一直躲着你，是害怕你看见我就叫我去练琴。"

丽妈不知道该怎样接话，索性啥也没说。女儿接着说："我告诉你这个秘密，是因为我相信你不会想办法来对付我！其实我不是不想练琴，就像寒假放假回老家，半个月后我都手痒痒，我只是想停几天。"

丽妈伸手抱了抱女儿，说："我能理解，每天都这样练琴，你很累，很烦。"

丽丽趴在妈妈的肩膀上，待了一分钟，然后便轻飘飘地回去练琴。练完琴，她主动向妈妈保证说，自己在考级前会对自己负责。丽妈心里特别激动。

接下来，丽妈开始能慢慢地说一点"我信息"了。

当丽妈想提醒女儿练琴时，她会说："我看到已经7点了，你还没有开始练琴。”

当丽妈有情绪时，她会告诉女儿说：“我的忍耐已经到了极限。”

丽妈和女儿确认过，这样的说话有没有让她感受到指责，女儿说没有，觉得妈妈是在说自己的事。

丽妈看到的是，女儿越来越自觉、主动。

有一次，丽妈出差回来，特别疲惫。

女儿给丽妈搬了躺椅，端来瓜子和水，然后去换演奏服。她说：“妈妈，你躺着听我的演奏吧。我希望你看着我，不看手机。喜欢时，可以闭上眼睛。”

女儿撒娇地在丽妈身上蹭蹭，去弹琴了。丽妈也不再像以前一样关心女儿做得好不好的细节，而是享受当下。看着女儿弹琴时投入的神情，丽妈眼眶湿润了，她终于能“看见”女儿了，她看到女儿的努力、看到了女儿对妈妈的爱。这种“看见”的感觉真好，那么的亲密、那么的贴心。

用“我信息”和孩子沟通时，是在向孩子传递一种信任：孩子会考虑父母的需求，并有能力用建设性的方法处理当下的情况。“我信息”通常会赢得孩子的合作，还有更加亲密的亲子关系。

别指望孩子能直接知道他做了什么事情会令你烦恼，我们需要坦白而直率地把自己的感受告诉孩子。当我们这样做的时候，孩子是愿意体谅父母需求的。

五岁的小衡放春假，衡妈在家办公同时看护着他。

只要衡妈拿起手机用微信语音和同事说话，小衡就开始在旁边说话。衡妈只好停下来，听儿子把话说完。

等儿子说完话，衡妈又开始对着手机说话时，儿子又开始说话，而且声音很大。

这样反复了三次之后，衡妈气得狠狠地把手机扔到床上。

小衡看到衡妈扔了手机，被吓得愣住了。

衡妈平静了一下，对儿子说："小衡，我现在有工作上的事情要处理，要通过语音和我的同事沟通。可是，你在旁边一说话，我就不能集中精神和他们说话了。"

稍稍停顿了一下，衡妈接着说："因为在我心里，你很重要！你说的话我都很愿意去听。这样下去，我的工作就没法进行了。我特别生气，都想打你屁股，可我又舍不得，所以，我只能把手机扔了。"

小衡听到妈妈说他很重要的时候，表情放松了下来。听妈妈说完，他完全明白了妈妈所处的情境。后来衡妈再工作时，他就安静地待在一边，没再来打扰妈妈。

通常，"我信息"的表达有三个要素：事实、感受、影响。我们以上面的例子解析一下：

事实——妈妈工作时孩子在旁边说话。

感受——妈妈很生气。

影响——妈妈不能集中精神工作。

例子中完整地表达了孩子不可被接受的行为、自己对这个行为的感受、这个行为对自己的具体影响。更重要的是这位妈妈掌握了"我信息"的精髓所在——脆弱的表达。"因为在我心里，你很重要！"这句话是极具人性化的互动，能从根本上建立人与人之间的亲密感。不仅对孩子，对爱人、对家人和朋友都有同样的意义！

有的妈妈因为育儿开始育己，懂得越多，越看不惯其他家人的育儿方式。这时便如同一叶障目，看不到其他家人的存在了。

天爸来参加沙龙，有种使命感，在众多妈妈面前，他的发言代表着广大的男士们。他的侃侃而谈总是能够让所有妈妈们换个方位，看到老公们的视角，以下是天爸多次发言的精选。

天爸谈到，在家和孩子玩的时候，只要天妈也在，他总能感受到天妈那双育儿专家犀利的眼、那双灵敏的耳，在监督着他，看他带孩子的方式是否正确。天爸问在场所有的妈妈们："换成是你，你能说你心里不抵触吗？你还能全身心按自己的方式投入陪伴孩子吗？事实上，她不在的时候，我和孩子共处的方式和时光，极其欢乐与美好！"

天爸还提到为孩子选择幼儿园的事情，天妈执意要为孩子选择一个教育理念很先进的幼儿园。天爸激烈反对，他心想，幼儿园不就是孩子玩的地方吗，在小区里离家近的地方上一个就好了，至于费那么大的劲跑那么远去上吗？凭什么你说的就是对的？难道人家上家门口幼儿园的孩子不是爹娘养的？今后长大了，大家还不是同样在一个社会里混？两人僵持许久，最终天妈胜出，因为她承诺负责孩子接送及所有相关事宜。

后来，天爸确实看到了孩子上这所幼儿园后的各种欣喜和成长。但回想自己当初为什么激烈反对，天爸觉得他不是反对幼儿园本身，更不是反对那些育儿观念，一点都不是！他反对的只是天妈完全漠视他的想法，漠视他对孩子教育的关注，漠视他对孩子的爱！

天爸真诚地说，实际上天妈这样说就完全足够："老公，我也不知道这样做是不是就一定对，我对自己的教育方法也很忐忑。我知道你一样关心孩子，你有你的观点。你看，我是这么想的……"好了！这一定是一次完美的沟通！

天爸需要的就是天妈看到自己作为父亲的存在！需要天妈放下身段，承认自己内心也有忐忑。天爸说："这样的言语一出，对面紧绷、强硬的丈夫，即刻软化。"

“我也很忐忑。”“我知道你一样关心孩子。”这就是在用“我信息”进行脆弱的表达，承认自己的软弱，承认对方的价值。

夫妻关系重于亲子关系，因为先有夫妻，才有孩子，夫妻关系是孩子生长环境的重要组成部分。夫妻关系好，亲子关系才会真的好。而脆弱的表达，能够真正营造一个亲密、和谐的夫妻关系。

衡妈以前向老公示好，比如在老公出差的时候通电话，她会说：“我想你了。”衡爸会不耐烦地打断道：“过两天就回去了。”以前衡妈会觉得自己的情感被堵塞在那里，不被理解，放下电话便会自怨自艾。

现在可不同了。衡妈说：“我想你了。”衡爸不耐烦地说：“别哼哼唧唧的了！”衡妈会说：“我都五天没见着你了，我心里就是很想你，想在电话里和你哼哼唧唧一下。你只需要说你听到了，我就觉得满足了。”

衡爸貌似无奈地在电话那端说：“好吧，我听到了。”

这个“我信息”表达得更完整。事实、感受、影响，中间又加了一个请求。

事实——五天没见。

感受——想你。

请求——你说听到。

影响——我就满足了。

这种脆弱的请求具有穿透力，即便对方看起来面不改色、波澜不惊，但心底里必定暖意流溢，爱意浓浓。

不评价别人，只表达真实自我

本我代表“我想要”，那么自我就是“我能要”，而超我则是“我应该要”。我们每个人的内在空间都有好多声音，自我会统合各种声音，自我在整合各种声音时是有中间过程的。这种整合是生命走向成熟、自由、绽放的必经之路。

“我信息”表达的是“我”，在共修“我信息”的时候，我们常常互相调侃，你在替哪个“我”说话？

弗洛伊德认为人格结构由本我、自我、超我三部分组成。

本我，即原始的自己，包含生存所需的基本欲望、冲动和生命力。本我按“快乐原则”行事，它不理会社会道德、外在的行为规范，它唯一的要求是获得快乐，避免痛苦。

自我，是自己可意识到的执行思考、感觉、判断或记忆的部分，它遵循的是“现实原则”。

超我，是人格结构中代表理想的部分，它是个体在成长过程中通过内化道德规范，内化社会及文化环境的价值观念而形成，其机能主要在监督、批判及管束自己的行为，它所遵循的是“道德原则”。

周末莎莎和老公一起逛街，她看中了一款品牌鞋，特别想买。挺贵的，她包里现金不够，让老公刷卡，老公不肯。莎莎便大喊大叫起来：“你嫌贵不给我买是吗？我觉得你不爱我了，你这样，我都不想给你生第二个孩子了！”

看起来这段话恰好有“我信息”的三要素，事实、感受、影响。

事实——你不买鞋给我。

感受——我觉得不被爱。

影响——我不想生第二个孩子了。

但是这段话里有强烈的指责和要挟气息。感受和事实不匹配，影响和事实也相距十万八千里。我们继续回放莎莎和老公之间的争吵：

莎莎在喊叫："你不买鞋给我，嫌贵，就是说你对我的爱还抵不上这双鞋的价值。你还爱我吗？你都不爱我了，我哪里还敢给你再生一个孩子？"

莎莎的老公不愠不火地说："我不买鞋给你，只是因为我觉得你的鞋太多了，好多都是新的，没穿过一两次。我觉得很浪费，我不支持你的非理性消费！"

鞋没有买。正在修习"我信息"的莎莎，静下心来，仔细品味整个事件，发现少买一双新鞋对自己的生活没有丝毫的影响。她很纳闷自己当时为什么那么大的情绪反应。本着"我的情绪属于我自己"的原则，她深入地倾听和共情自己。

莎莎记得，小时候爸爸常年在外地，很少回家，每次回家对女儿都是竭尽满足之能事。只要莎莎一噘嘴，爸爸立刻会想方设法买各种玩具给莎莎以博取女儿欢心。莎莎从小就学会了拿情绪来控制家人，也习惯了爸爸以物品来表达爱。

莎莎觉得老公似乎代替了父亲的权威角色，在立规则让自己成长。

心平气和的莎莎转念一想，老公虽然是个公司老板，赚钱也并不容易，也是一单一单打拼来的。这双鞋不买也罢，尽管设计精美，穿上很有气质，但多一双少一双对自己也没啥影响。老公那么忙，只要有时间还陪自己逛街，还陪自己下厨房择菜洗碗，已经够好的了。老公还是爱自己的。

事实是买鞋未遂，而感受却如此变化多端，每个阶段不同的"我"都在发言。

莎莎的本我有买鞋的冲动。莎莎的超我经由老公的口在说话：“不可以浪费。”莎莎的自我呢，冷静下来之后才发言：“这双鞋设计好精美，穿上特显我的气质，好喜欢，真想把它买下来。不过，多一双少一双对我来讲没什么影响，不买也罢。”当“我信息”表述的是真实的自我时，对自己和对别人都不会构成压力，这是一个检验的依据。

“我信息”是用来表达自我的，不包含对别人的评价和猜度。

周末，宝爸趁着大宝去小朋友家玩，开始着手收拾他和大宝的屋子。宝妈心里马上又有两个声音：第一，收拾屋子是好事。第二，不经过孩子的允许扔东西不好吧。宝爸不耐烦地对宝妈说：“你就别管了！”中间宝妈还几次试图提意见，都被宝爸挡回来了。

屋子收拾完后，真挺整洁的。宝妈心想，老公付出这么多，怎么也得让老公开心吧。她又凑到宝爸面前，着意欣赏道：“看到你把屋子收拾得这么整洁，我太高兴了，你雷厉风行呀！”宝爸一拱手调侃道：“谢谢领导夸奖！”

宝妈的目光一直追随着老公，表达的依次是评判、建议和欣赏。宝妈在自己的原生家庭是老大，有一个年龄相差无几的妹妹，她很早就被教导作为一个姐姐应该如何如何。太多的应该，让她的心神习惯性地不能安住在自己内在，就算使用“我信息”表达，也都是超我在说话。

如同宝妈一样，在我们每个人的超我中，寄居了不少其他人的声音。比如：收拾屋子是好事，可能来源于小时候的父母“勤劳是好的”的教导；不经过孩子同意扔东西不好吧，来源于某些正确的育儿观念；需要欣赏老公让老公开心，来源于浩途共修。

如果自我不能在内在空间当家做主，那将会是知识越多越反动，每一份知识进驻超我，超我都会更加藐视乃至操控压制自我。

山子妈在孩子两岁时，开始到处上育儿课程、心灵成长课程，她想做个好妈妈。可是，她学得越多，对自己的评判就越多，知道得越多，对自己苛责就越多，她把所有学的那些东西，都变成一把把利剑，扎在自己的身上。

对孩子发了脾气，她既伤心又自责，又竭力补偿孩子，可是精力和心力不够，她又会忍不住对孩子发脾气，然后再自责和补偿，就像一个恶性循环。同时，她对自己的愤怒也转嫁到老公的身上。她责怪老公，满眼看到的是老公育儿的不当……

我们每个人的内在空间都有好多声音，自我会统合各种声音，以尽力满足本我的诉求为目的，按照现实原则，在自己的内在空间建立秩序。内在是有秩序的、稳定的，这就是拥有自我的人的特质。

本我代表“我想要”，那么自我就是“我能要”，而超我则是“我应该要”。

龙儿五岁生日那天，我和他三姨一起带他去商城里选购他心仪的玩具，说好了我和三姨各给他买一件生日礼物。龙儿花了近半个小时看了各种玩具后，选购了两样。在我们要离开玩具柜台的时候，龙儿拉住我说：“妈妈，等会儿。”他眼巴巴地看着柜台里极为炫酷的一款悠悠球，对我说：“妈妈，我好想要这个悠悠球。”

我陪在龙儿身边，轻声对他说：“嗯，可以想要。”

龙儿叹了口气说：“但是，不能要了，对吧。”龙儿完全熟知我的套路。

我轻轻地“嗯”了一声，继续无压力地陪他欣赏那款悠悠球。

两分钟后，我们三人手牵着手快乐地离开了商城。

龙儿的三姨感叹道：“龙儿真是很懂事，如果换了别的孩子，恐怕会哭闹着非要不可。你也很棒，要是换了别的妈妈，肯定直接打压孩子，说你不应该再要礼物了，今天的礼物已经买完了……”

超我的声音常常从父母嘴里说出来，你应该如何不应该如何，是父母在教导孩子如何适应社会规则，但这样的教导常常遭到抵抗。实际上，本我的诉求不需要被超我打压和否定，同时本我的诉求也不是一定要实现的。父母只需要守住规则，静静地等待和陪伴，孩子的自我就会成长起来，他的自我会告诉自己可以做什么，不可以做什么。拥有自我的人，才能够做到自律。

自我在整合各种声音时是有中间过程的。这种整合是生命走向成熟、自由、绽放的必经之路。成人也一样。我们自己带着觉察经历过，就会主动允许孩子经历了。

浩途总部志愿者团队每年轮选一次，会有组队仪式。

我对组队仪式很看重，因为我对浩途很看重，浩途代表着我心中的那份纯粹。

2014年那一届的组队仪式，我做了接待员，没有做主持人。结果主持人卡着时间抵达，参加者也有人迟到。我感受到我的不舒服，我内心中神圣的仪式感受到了伤害。我依然淡定地做着接待员，看着我内在的多层次的想法和感受。

超我——不管什么状况发生，我应该是那个定海神针，我需要淡定。

本我——我真想把人都按时拎来，让事情按照我所预想的流程和结果发生。搞成这样，心里真不舒服！

自我——主持人是新手，目前这样已经很好，有一丝的满意。但是这么久还没进入下一环节，真是着急呀！这样下去一会儿的午饭时间要错过了，包间是不是还得重新订，纠结。不过，看到大家进入状态了，彼此有了联结，真好呀！看来不管谁主持，浩途的场都是能达到这个效果的，欣慰，还有一些自得。

我看到所有这些想法和情绪升起和飘过：淡定、不舒服、满意、着急、纠结、欣慰、自得……

仪式结束时，我发现我的情绪很平和，就好像小孩子画画，把各种颜色都涂上去之后，最后成了白色。

最后，我总结发言时，说的是："今天新手主持人，新的总部团队，有些状况发生，却依然实现了特别棒的组队效果。我感到很欣慰，也祝贺大家形成团队。祝愿大家在新的一年里嗨玩起来！"

经过自我整合后的话语，客观、真实而且具有现实性，能够实现与外界、与他人良好的沟通。

清晰表达，温柔捍卫自己的领地

“我信息”就好像是一个政府发言人，代表一个主权国家向外界发布消息。它会表明我是谁，我的边界在哪里，我期待彼此的关系是怎样的。

“我信息”就好像是一个政府发言人，代表一个主权国家向外界发布消息。它会表明我是谁，我的边界在哪里，我期待彼此的关系是怎样的。常见的我信息有这几种类型：

表白性我信息：我认为，写作业是你自己的事。

预防性我信息：明天去爷爷家，我需要你帮忙拎东西。

肯定性我信息：看到你弹琴时这么投入，我非常开心。

面质性我信息；牛奶洒到地毯上，我非常生气，又要花费很多时间来清洗它。

善用我信息，可以在不伤害别人的同时，守住自我的领地。

“五一”期间，我参加亲戚的一个婚宴，家人朋友济济一堂，共同为新人祝福。

五岁的琪儿到处跑来跑去，和我相撞。我蹲下身子细声和她攀谈了几句，知道她在忙着收集各桌上的绢花，也知道了她是和姥姥一起来的。

我扭头向她的姥姥微笑致意。也许我态度和蔼可亲吧，在这之后，琪儿不断地来找我玩，很快就和我黏在了一起。我明确地接收到她对我的那份喜爱。

桌上有草莓，她吃了一口说：“好吃。”然后对我说，“你吃一个吧！”

我摇摇头说：“我不想吃。”

她坚持："你吃一个吧！很好吃很好吃的！"

我依然摇头说："我不想吃凉的东西。"

她歪着头想了想说："这样，你吃了，我就给你一个神秘礼物！"

我好奇地问："什么神秘礼物呀？"

"嗯，反正肯定会有神秘礼物的！"她显然还没想好。

我继续拒绝道："我不要神秘礼物。我就是不想吃。"

她眼珠一转，瞄了一眼刚才她送给我的绢花，假装要抢走："你要是不吃，我就把花收走，不给你了！"

我心里笑一声，脸上依然一片平静，认真地说："我不想吃草莓。"

她有些愤愤地抢走了绢花，说："你不吃，这个就不是你的了。"

我淡然说："我只是不想吃草莓，觉得有些凉。"

她把绢花扔在一旁，忽然爬到我身上，将草莓往我嘴里塞。我本能地一躲，她未遂。可能她的腿碰在桌子边，疼了，便哭了。

之后，她的姥姥便把她抱走了，我听到姥姥在数落她："叫你不要乱跑，看磕着了吧，回去乖乖坐着，要不咱就回房间去！"

这个过程中，十二岁的龙儿一直坐在旁边密切关注着事态的发展。看到女孩强喂我，他几乎要立起身来捍卫他妈妈，但看到我脸色平和，便又坐下了。

等琪儿被姥姥抱走后，龙儿问我："妈妈，刚才她是不是弄得你很难受？她那么折腾你！"

我说："是啊。"我瞅着儿子关切的眼神，继续说："可是不怪她，我猜她平时就是这样被爱的，所以她也只会用这样的方式来爱我。"

我拥抱了下龙儿说："谢谢你的陪伴和关心。"

这期间，我反复用了表白性我信息："我不想吃草莓，觉得有些凉。"

面对一个五岁小孩子“爱”的表达，我深切地体会到捍卫自己边界的不容易。将心比心，我不知道五岁的琪儿在这种“爱”的围剿中，如何保有自我的领地。我旁听着琪儿姥姥对她的训导，几乎都是以“你信息”开头的。我当时有一个特别强烈的感觉，孩子们对大人真是很宽容呀。

不一会儿，琪儿又来找我玩了，也许这一帮成人当中，我是最亲和的一个？这次，我对她有了一定了解，所以，我直接启动了预防性我信息：“琪儿，我特别喜欢你，只是身体原因，我最近不能吃生冷食物。咱们在一起可以玩游戏，讲故事。”琪儿立刻说：“好呀好呀，我想听故事！”

之后，我和琪儿相处很愉快。

预防性我信息对孩子更重要，每一次预告都会有助于孩子安全感的建立和提升。从孩子出生，我们就应当经常使用预防性我信息，比如：对一个月大的小婴儿，先告知妈妈要给换尿布了，要洗屁屁了，然后再操作；对小孩子，妈妈有事要离开，也不应当偷偷走掉。

莎莎的外婆九十岁高龄了，一天忽然昏迷倒地。莎莎接到电话时，正在陪一岁儿子玩。她迅速把儿子托付给邻居，和邻居说明了情况，立刻赶往医院。还打电话告诉了老公，让老公下班后去邻居家接孩子。

莎莎在医院衣不解带地照顾了外婆三天，直到外婆从病危中抢救过来。

当莎莎回到家后，儿子特别黏她，一分钟见不到她就喊妈妈。莎莎上厕所，儿子就守在门口玩，等着她出来。

显然，儿子害怕妈妈会再次突然消失。莎莎特别后悔当时没有直接和儿子说明情况。

有一些事情我们明知是孩子不喜欢发生的，也需要预先告诉孩子。比如：当我们主动告诉孩子，妈妈会离开一段时间，孩子可能会哭。没关系，孩子在哭中会获得成长，会逐渐接受这个客观现实的世界是这样的。我们只需要允许孩子哭就好了，不苛责、不阻止。

就像之前讲过玲铛妈妈爱看戏，会把玲铛托付给邻居爷爷，尽管玲铛会哭，甚至会一直哭到妈妈回来，但是玲铛心里并没有留下任何阴影。

现在玲铛已经三十六岁了，是我见过的最有接纳力的一位妈妈，淡定、从容、心里特别清亮。由此可见，坦然告诉孩子妈妈要暂时离开，不会伤害孩子，反而会成就孩子获得接纳力。我们看看长大后的玲铛如何在自己的小家里维护自我的领地。

玲铛的老公有一个弟弟，同在北京打拼，当哥哥的总想帮衬弟弟。

玲铛家有房子、有车，但是小叔子没有。玲铛家换新车之后，就把旧车送给了小叔子。

这些日子，玲铛听到老公在帮着小叔子四处看房，忽然有一天就听说房子定了，钱款也交清了。玲铛很纳闷，通过询问才知道，原来老公已经做主借了一百万给小叔子买房。

得到这消息后，玲铛愤怒了。她尽力忍着，去问老公："你准备给他们一百万买房子？"其实这个时候，玲铛家全部的积蓄大概也就这么多钱。老公说："不是给，是借。"

玲铛问老公："你觉得家里的钱我有决定权吗？"

"有。"老公应道。

玲铛追问："那你决定借这一百万，我怎么不知道呢？"

"我怕告诉你，你不借。"老公说得有些心虚。

这一刻的玲铛有些咄咄逼人："不管我借不借，我先问你我有没有决定权！"老公沉默了。

玲铛看到老公一副消极抵抗的样子，也不想问了，她决定还是先倾听下自己的内心，处理一下自己的情绪。她叩问自己：为什么这件事会让自己觉得这么生气？

她先问自己：“是一百万这个数量、这个金钱的数字让我这么愤怒吗？”她想了想觉得好像不是这样的。家里的钱都是老公在管，她连银行卡都没有，房子也记在老公的名下，但这些从来没让她觉得不安全。她觉得很好，很省心！她从来没有觉得需要掌控钱。于是她又问自己：“我对钱究竟是什么态度呢？”她想找到自己心中的准绳。

在她心里，钱虽然重要，但是有就用，没有了可以去挣、去创造，她完全没有对钱的恐慌感。那么为什么对于这一百万，她就有愤怒的情绪呢？

玲铛觉察到，其实她之所以愤怒，是因为老公独自决定了这件事，老公的态度和做法让她感觉到了愤怒，不是因为钱多、钱少或者多少钱的问题。理清了这一步以后，玲铛发现其实她心底的情绪点是：老公没有和自己在一起！

搞明白了这一点，玲铛再问自己：“我愿意借钱给小叔子吗？”她想了想：嗯！愿意！

找了一个时间，玲铛去和老公沟通，她说：“我同意借给你弟弟他们一百万。”老公蛮受触动的，可能也有些不好意思，他说：“这一百万我们借给他，那咱们现在这套房子，我就过户给你吧！”

玲铛清晰地表达着自己：“我不要这样！我不要和你弟弟平分秋色！我要的是我在你心中比你弟弟还要高，我要的是我和你在一起，不管有多少钱，我们要一起决定。

“钱是很重要的，但没有了可以去挣，所以我从来不担心钱的问题。你在我心里不止一百万，你是无价的，所以，我希望的是，我们哪怕只有十元钱，要拿这钱买桌子还是椅子，也是我们一起来做决定，我要的是这个！”

这次沟通蛮顺畅的。夫妻俩的感情也更加深厚了！

在这个例子中，包含着面质性我信息：“你借钱给小叔子没有告诉我，我很生气，这让我觉得你和我不在一起！”也包含着肯定性我信息：“你和我一起做决定，我会觉得我在你心中很重要，我会特别开心。”以事后诸葛亮的观点，整个事件中，只需要说这两句话就够了。

在真实的生活中，这个事件前后经历了好几天。玲铛在这几天的时间内，由愤怒的感受入手，拨开雾霾，看到自己的内心。找到清晰有边界的自我，才可能实现清晰而准确的表达。有位会员曾经总结过：“如果我的心如孩子般清亮，说出来的我信息便能带来信任和合作。如果我的心不清亮，即使完整表达了我信息，我说的是我的感受，‘我很烦’，都会如一个炸弹炸伤别人，原因是我的内心充满了指责，包装成我信息发出去也没用，别人收到的还是指责。”

不掌控才能孕育有自我的孩子

看到自我，再放下自我，便能真正看到孩子，支持孩子行使他的自由意志了。父母顺应孩子，不执着于自己头脑中的计划和安排，能心甘情愿地享受对孩子的陪伴和等待，这就是对孩子的真爱。

找到自我，表达自我，才是我信息。

之前所有的章节都在协助我们为人父母者找回自我，拂尘拆台，重塑自我，让大家逐渐能够有力量按照自己的意志，关照自己的情绪，支配自己的行为。

拿得起来，才谈得到放得下。

山子妈最近觉察到，她经常拒绝五岁山子的请求。

那天去超市买东西，山子到日用品货架前拿了一瓶三十六元的强生润肤乳，说："妈妈我想买一瓶这个。"山子妈温和地说："宝贝儿，家里的郁美净还有啊，等你用完了咱们再买吧。"孩子又争取了几次，还是未遂。

周末，山子要求去坐机场线，之前山子妈曾不止一次专门带儿子去坐机场线，因为她知道儿子超喜欢那种坐地铁的感觉。可是当儿子主动提出的时候，山子妈却说："去一趟机场就二十五元，往返就五十元了。五十元钱，咱可以做多少事情啊，还是别坐了，坐坐市内地铁就好了。"

……

为什么会这样？山子妈在想：自己真的是为了节约钱吗？那为什么会兴冲冲地买好几百块钱的玩具送给儿子；身边朋友推荐，也曾买过国外进口纯天然一二百块的润肤油给儿子……

而且，为什么一开始主动带孩子乘坐机场线的人是自己，而儿子提出请求，自己却又以不能惯坏他、需要让他有金钱观为由拒绝他？

天哪！自己竟然是在和儿子争夺掌控权。“我觉得好，我要给你！”这种感觉让山子妈很有满足感，能感受到自己对孩子的爱。反之，这种满足感就没有了！

看到自我，再放下自我，便能真正看到孩子，愿意支持孩子行使他的自由意志了。山子妈一经觉察立刻转念了：孩子的表达代表了他自我意识的成长，多么宝贵，必须支持呀！确实，为人父母，应该给孩子撑起一片天，让孩子有机会按照他的节奏，体验创造自我的过程。

几乎还是在睡梦中，溪妈就在规划这一天的行程安排了：吃最简单的早餐、喂奶、出发去游乐园……

为了能实现计划，溪妈早起二十分钟，加紧洗漱。一切似乎都按照她的预想顺利进行。早餐完毕后，老公和一岁多的儿子整装待发，溪妈则做安全检查工作，查看水电是否关好。

然而，就在溪妈打开厨房门那一刻，蹒跚学步的儿子跟进了厨房，直奔两个闲置已久的暖水瓶过去了。

只见他站在两个暖瓶边，取下木塞，观察一会儿，又盖上，然后又取下，给它们彼此换一下位置……

他脸上绽放着笑容，连呼吸都变得欢快起来。

“该出发了！快点，回来再玩！”溪爸催促。

“要不，再让他玩会儿，你看他那么专注，大脑在飞速运转呢！”溪妈与老公商量。

溪爸表示同意，于是，夫妻两个站在边上等着儿子。

没想到，儿子越玩越起劲，一会儿将小手伸进暖水瓶，一会儿又拿出来，一会儿把塞子拔出来，一会儿又塞进去。

“不早了！”溪爸看看手表。

溪妈说：“算了，就让他玩吧，看他多开心，他正好奇呢！这可是他向往已久的，平时咱总限制他进厨房，这下逮着了。”

“不去游乐园了？”溪爸问道。

“他现在玩暖瓶盖，比去游乐园还开心！”

溪爸顿了一下说：“好吧！”

于是，溪妈掏出书，顺势坐在椅子上看了起来，时不时看儿子一眼，以免暖水瓶倒了出现危险。

时间一分一秒过去，儿子沉浸在暖水瓶的游戏中，夫妻俩安静地等待着……

计划全部泡汤。

但是，谁又能说这不值呢？孩子在这个过程中收获了惊喜，收获了探索，收获了欢乐，收获了集中精力做一件事情的过瘾，收获了被尊重的感觉……

而父母本来要带孩子出去玩，也不过是为了让他开心，让他成长！

父母顺应孩子，不执着于自己头脑中的计划和安排，能心甘情愿地享受对孩子的陪伴和等待，这就是对孩子的真爱。

这样长大的孩子，会成长出完整的自我，就好像一个具有完整主权的国家。他拥有独立的人格，他会依据自己的判断力行事。

衡爸从公司回来没上楼，直接按门铃招呼衡妈和小衡一起去吃涮羊肉。

衡妈答应马上带儿子下楼。

这时，八岁的小衡正在拼装乐高玩具。

衡妈喊："小衡，走了，咱们去吃涮羊肉了！"

小衡头没抬，直接拒绝道："我不想去吃涮羊肉。我想继续拼乐高。"

衡妈试图利诱："走吧，可以点你最爱吃的虾滑。"

小衡手没停，继续拼装着，说："我不想去。"

衡妈试图威逼："走吧，爸爸在楼下等着呢，等久了他会发脾气的。"

小衡很淡定："我不想去。"

衡妈没招了，说："妈妈知道你不想去，可你是个小孩子，不能独自在家呀。妈妈想和爸爸去吃涮羊肉，又不想让爸爸等太久……"

话还没说完，小衡已经麻溜溜地换上了室外鞋，同意出门了。

衡妈惊讶地问道："小衡，你怎么又同意去了？"

小衡坦然地说："我是个小孩子，不可以独自在家呀。"

这就是有自我的孩子，他不容易被恐吓、被要挟、被利诱，但他服从于真理，臣服于规则。他的自我熟知他内在每一寸领地，并对内在统合有序，他可以很容易做出遵从自己内心的决断，没有纠结，清晰果断。

衡妈在浩途共修五年，她感慨地对我说："把孩子培养成了有自我的人，就只能把他当人一样对待了。"我也深有同感。

初一这一学年的暑假尚未结束，龙儿的班主任老师给我打来电话，大意是说：学校组织少量同学去鸟巢看田径世锦赛，如果第二天龙儿没有什么安排的话，她希望龙儿去。

这是殊荣呀，我马上替龙儿答应了。

没想到，我转告龙儿的时候，他一口拒绝了："明天我和爸爸已经预约了去博物馆。"

龙儿爸听闻，表示愿意取消去博物馆的计划，并劝龙儿："你们老师如此看重你，你就去吧！"

如果龙儿爸这个算是裹挟，我的说法就算是威逼了：“你要是不去，就自己去和老师说去。”

龙儿淡定地说：“我在QQ群里和老师说了，我已有安排，去不了，请其他同学去吧。”

没办法，这孩子太有主意了！而且人家的表达方式温和而坚定，没地方可以挑理。

我私下里和老师通了个短信，老师说没关系，我才放下心来。龙儿爸也很关心老师的态度，问我：“这么驳了老师的面子，没事吧？”我发现我俩都倾向于取消自家的安排服从老师的安排，牺牲孩子的意志顺从老师的意志。

我和龙儿爸迅速交换了下意见。不管我俩的背景音是什么，我们都决定放下这些声音，支持龙儿的决定。

说来惭愧，碰到事情的时候，真正笃定的人是孩子，不断用我信息来表达自己的人是孩子。当我们作为父母肯成全孩子活出他的自我的时候，我们发现孩子可以教会我们更多！

这再次印证了孙瑞雪老师《完整的成长》中的话：“一旦儿童走上了形成自我的路，其后就走在了一条人性自然法则的发展道路上。创造自我的愉悦感和力量感，会让孩子产生一种意志，使他本能地感觉到那条成长之路。这是人的天性，或者说人本身就蕴含着自我成长的内在能量，这是自然的，天赋的。这种力量在童年期一旦形成就会固定在孩子的身上。”

接纳力修炼术：我信息

我信息四步走

1. 脆弱的表达
2. 真实的表达
3. 对自己领地清晰的表达
4. 支持孩子的自我表达

1. 在关系中，找到自己心中那份脆弱的感受，并向对方表达出来。例如：

事实：五天没见

感受：想你

请求：你说听到我想你了

影响：我满足了

2. 首先需要区分是哪个我在说话：本我是“我想要”，自我是“我能要”，超我是“我应该要”。练习让自我在整合后以“我信息”表达自我意志。

3. 在关系中，灵活应用表白性我信息、预防性我信息、肯定性我信息、面质性我信息维护自我的界限。

4. 聆听并支持孩子的自我表达。

与父母和解

要和父母发展出人性化关系，需要靠我们自己。倾听、共情父母，能让我们主动看到父母的感受，理解父母的境遇；划界限、立规则能够让我们切断对父母的抱怨和指责，活好当下的自己；我信息则能协助我们表达自己，让父母了解我们。

不做披着成人外衣的孩子

不管孩子多大了，很多时候父母依然扮演着喂养者和权威人物的角色。我们依然必须面对与父母的和解，向上接通爱的管道。否则，我们不过是披着成人外衣的小孩，依然在精神上仰仗着父母的喂养和权威。

我们每个人都是从娘胎里生出来的，都享受过母亲、父亲的养育之恩。我们每个人都被无条件地接纳过，否则我们不会来到世上存活下来。

怀抱着巴掌大的婴儿，父母就如造物主一样伟大。婴幼儿时期，父母对于孩子来讲是一种物化的存在，即像房屋、床铺一样，是孩子生存环境的一部分。母亲是喂养者，父亲则是权威人物，父母给孩子提供食物、照顾、刺激，还有约束。年幼的孩子没有能力体会到父母也是人，父母也有自己的欲望和恐惧。同时，也许是惯性使然，不管孩子多大了，很多时候父母依然扮演着喂养者和权威人物的角色，完全习惯了自己的物化角色。

天天奶奶爱唠叨，天爸不胜其烦。每次通电话，天天奶奶都能从饮食、卫生、作息、安全等各个方面讲起，一讲就是几十分钟。

天爸的处理方式就是将手机打开免提放在一旁，一边干着手里的事一边有一搭没一搭地应和着。有时候实在是听烦了，天爸也会嚷嚷：“这些话您都说过多少次了，不用再说了，我都知道……”

天天奶奶则会说：“我知道你没在听，我想着和你多说几次，你怎么着都会记下一些，等我死了，你好自己照顾自己……”

唉！

天爸终于下定决心，想突破这种沟通模式。他专门回了趟老家。一见面，天天奶奶还是重复那几套话，牢记着“倾听是忍住不说”，天爸努力维持了耐心的倾听。

天天奶奶觉察到了这次的不同，她没有受到任何打扰，把所有车轱辘话都说完了，她感受到了儿子的倾听。停顿了一下，她长长地舒了口气说道：“这么多年来，我一直生活在自责中。当年呀，我不知道已经怀上了你，结果生病时吃了些对胎儿不太好的药。后来你的身子骨一直比较弱，所以呀，我这颗心一直在你身上，总怕我哪天走了，你不知道照顾自己。”

年逾四十的天爸情不自禁地拥抱了自己的妈妈，用手抚去了妈妈脸上的泪珠。

这种父母和孩子之间物化的关系，阻挡父母看见孩子这个真正的人的存在，就像天天的奶奶看不见天爸已经有了自己独立的人格、世界观，已经有了自己的家庭、事业；同样，这物化的关系也阻挡孩子把父母当“人”看待，天爸一直抗拒母亲的唠叨，抗拒母亲还把自己当小孩子看，天爸从来没有想过自己母亲内心有这么深的恐惧和自责。

我们育儿时，可以通过倾听、共情协助孩子逐渐发展成为一个“人”；也可以通过划界限、立规则约束我们不要把养育关系无限制地物化下去；同时，我们可以用我信息的表达协助孩子看到爸妈都是真实的“人”。这是爱向下的传递。

但我们依然必须面对与父母的和解，向上接通爱的管道。否则，我们不过是披着成人外衣的小孩，依然在精神上仰仗着父母的喂养和权威。

仙儿三十六岁了，她的女儿已经六岁了。可是仙儿的某个部分却一直停留在三岁半的时候。

仙儿三岁半的时候，妈妈说要带她去奶奶家，她欢欢喜喜跟着去了。刚一进门，奶奶就对她说：“站着别动，先脱衣服洗澡洗头再进屋。”她当时就愣了。还没缓过神来，妈妈却笑着和她说再见，当妈妈的笑脸在门缝里慢慢消失的时候，仙儿才反应过来，她被单独留在了奶奶家。

她开始大哭。奶奶烦了，伸手把她推进了卫生间里，关上门说：“你哭够了再出来！”仙儿在里面哭啊哭啊，想把自己哭死算了。后来哭了很久也没人理，仙儿饿了，便自己打开门出来了。出来的那个仙儿，从此便知道了需要讨奶奶的欢心。同时，那个真实的仙儿，就永远留在了卫生间里。

仙儿心里对妈妈充满了怨恨。

孩子对父母的报复就是让自己过得不幸福，在婚姻、健康、工作等方面让自己糟糕，让父母难受。仙儿都做到了，发胖、离婚、没有稳定工作。但是仙儿有强烈的愿望要让女儿幸福。有一天，她看到一篇文章说，一个人如果处理不好和父母的关系，那么所有的关系都会处理不好。她的心一下子掉到了谷底，原来报复妈妈没有办法拯救自己，也没有办法让自己的女儿幸福。平心而论，仙儿的妈妈对仙儿挺好的，在仙儿的生活遇到各种困难的时候，第一个伸手救助仙儿的都是她的妈妈。可是，仙儿就像很多孩子一样，在逐渐长大成人的过程中，常常只计较父母亲对自己百分之一的那个不好，看不到他们已经“够好”。

别看只是百分之一，这个坎相当不容易迈过，当一个人有能力把父母当“人”看的时候，才算真正长大成人了。我在浩途有特别深的感受。一旦一位会员在浩途感受到被接纳，或多或少会将对父母尤其是对完美母亲的期待投射到浩途的核心成员身上，我这个创始人更是被投射的靶心。当任何一位会员蜕变成人时，我立刻能感受到，因为他看我足够好了。

这个过程特别不容易。如果你想逃避，大自然会比你有耐心，你所有不愿意疗愈的，都会传给你的孩子，如果你不愿意孩子受你同样的苦，最好疗愈自己，让自己成长。

阿美生孩子，爸妈来帮忙。

从坐月子开始，阿美的妈妈就不断地抱怨和指责：“这孩子怎么那么爱哭？你爸太不爱干净了，说了还不听！你老公怎么回事，有没有一点责任感，管不管娃？”

阿美刚生完孩子，睡眠严重不足，带娃手足无措完全没经验，已经够崩溃了，每天还要听妈妈各种指责。

孩子长到三岁，阿美脑海里浮现得最多的场景就是妈妈对她女儿无尽的指责：

“太爱哭了，真烦！”

“牙齿还不长，是不是有问题？”

“人家孩子都在走路，你非要我牵！”

“你能不能大方点，学着招呼人啊！”

“玩具要大家一起玩，你真是吝啬得很！”

说这些时，阿美的妈妈表情厌恶，语气烦躁。阿美听到后非常不舒服，各种情绪升起，有担忧、生气、无奈……

妈妈指责女儿的场景总是把阿美拉回到自己小时候，仿佛面对妈妈的指责和不满的不是女儿，而是她自己。

修习倾听之后，阿美开始试着倾听自己在这种场景下的情绪。

她上幼儿园时的一件事情突然从脑海里跳出来。

一个周末，阿美的妈妈带她去街上溜达。阿美好高兴，一边走一边用手指转着门钥匙玩，回家开门时才发现钥匙不知道什么时候被转没了。

阿美的妈妈劈头盖脸就是一顿骂。她表情恐怖，顺手拿起正在织毛衣的毛衣针就戳阿美，然后不断推阿美：“快，快沿路回去找。”一路上，阿美非常害怕，觉得自己犯大事了。妈妈一路上都没有停止呵斥、指责。

一想到那个场景，阿美就忍不住想哭。当时，她才幼儿园大班，丢了钥匙是犯了多大的罪呢，需要不断承受指责和推搡？她还记得满街街坊邻居异样的目光。

阿美觉察到，每一次妈妈对她女儿的指责，都让她想到小时候那个无助、害怕的自己，那个觉得做错了事天就塌下来的自己。

她不想再让女儿经历自己儿时的难受，不想再让女儿成为现在这样胆小、怕事、没有自信的自己。

我们自己没长好，但是我们期待养一个好孩子。因为我们是孩子的成长环境，所以成为父母，激发了我们疗愈自己的强大动力。

世上没有完美的父母

没有不犯错的父母，一是因为父母也是凡人，二是因为我们心中有个完美父母形象，真实的父母和我们内心的完美父母相比，怎么都能被挑出错来。接受父母的缺点和局限性既是成熟的表现之一，也可以让我们从对双亲的依赖中走出来，真正成长为一个成人！

童年的某个事件，也许早已遗忘，却在暗中长久地阻塞着我们的生命成长。那里形成了一个台，成年后我们千百次地受挫，就是因为这个台在不断吸尘，一次又一次让我们的心蒙尘，做出自己本不想做出的反应。即使头脑知道并决定再也不要重蹈覆辙，身心依然会不由自主地重复上演同样的情景剧。

我们需要再次回到童年被阻塞的那个情绪中，把怨恨都倾泻出去，才能腾出内在空间来重新装满爱。

阿美开始在沙龙中倾诉。在浩途这个温暖、安全、信任的场域中，她充分表达了她的怨恨、愤怒。

她怨恨。小时候需要妈妈陪伴的时候，妈妈却常常羁留在麻将桌前不能自拔。

她愤怒。一点儿小事就能引发妈妈的指责、批评。

阿美尽情地倾诉着……

阿美在经历着一个成年人的成长过程。她带着觉察回到过去的经历和情绪中去，允许自己尽情地发泄和表达各种情绪。唯有这样，让情绪流动起来，才有可能搅动积淀已久的尘土，才有可能调用现在强大而理性的大脑，将当时的情景和意识碎片重新转化和整合，强力拆台，还自己的心灵一份清亮。

不少人问我怎么做到拆台的。我想说因人而异，但是千万不能勉强自己的意志。我记得，仙儿对她三岁半被送往奶奶家带来的心理伤痕了如指掌。她上过各种课程，找过各类心理咨询师，当她在心理咨询师的协助下制订计划改变自己时，她的心里就会产生一种反抗力："你又不是我，你怎么理解这件事对我的伤痛，这伤痛根本无法消除！"就算她知道这一切都是为了放过自己，让自己过上好的生活，她也不愿意因此放下自己的痛。她极为敏感，能快速识别并抵抗一切企图改变她"自我"的意志。她不断地找到权威人物求救，又不断地逃开，不愿意被救。当她加入浩途时，她也试图把我变成一个愿意表态拯救她的人，可是，浩途不是这样玩的，浩途相信每个人只能而且也有能力自助成长。

仙儿不断地分享她三岁半的故事，在浩途内部不断地想试探有哪位高人愿意拯救她。我记得，当时资深会员衡妈说了句很经典的话："我们每个人都在自己的洞里还没爬出来呢，咱们就彼此鼓励，互相支持各自爬出自己的洞吧。"忽然有一天，我听说仙儿自我疗愈好了，她分享道："那是一种感受，相信了就相信了。我相信我妈妈是爱我的。从那一刻起，一切都不同了。我可以爱我自己了！"之后，仙儿减肥成功，恢复了婚前的魔鬼身材，现正在重觅另一半。

每个人的成长节奏，真的只有自己知道。

中秋节，米妈回了老家，本想好好和老爸聊聊，解开心中的一些疙瘩。

到家之后，老爸责备米妈只有一个人回来，而把老公和孩子留在家里。

吃完晚饭，米妈就坚决地说要回自己家了，哥哥嫂嫂劝她，她都没有改变决定。

她心里只有一个声音："我可以为自己做主，我有能力为自己做主。"

那天，米妈往返八小时路程，在父亲家只待了一小时。回到自己家后米妈觉得特别舒服，特别开心。

第二天早上，半梦半醒之间，米妈脑子里突然迸发出一个声音："够了，这么多年向爸妈抗争真的够了！"

那一刻，米妈的心敞亮了、轻松了。

"够了！"这句话说出来特别有力量。一个又一个的浩途会员在彼此陪伴中找到了各自成长的节奏。"我有能力为自己做主！"这种自立的感觉特别重要，代表着我们不再外归因了。把错误归在父母身上，把自己放在受害者的位置，能使我们获得某种快感，但这样也代表着我们仍然将自己束缚在幼年时对父母的依赖关系里，并且通过不断责怪父母来保持这种依赖关系。

没有不犯错的父母，一是因为父母也是凡人，二是因为我们心中有个完美父母形象，真实的父母和我们内心的完美父母相比，怎么都能被挑出错来。也许父母对你太粗暴，伤了你的心；也许父母对你太放纵，你在责怪他怎么这样不负责任；也许父母对你太负责了，你又觉得他们剥夺了你的成长空间。

接受父母的缺点和局限性既是成熟的表现之一，也可以让我们从对双亲的依赖中走出来，真正成长为一个成人！

阿美决定去倾听妈妈，倾听那个在外婆家里长大的妈妈。

外婆曾对阿美说："我只有你妈这一个女儿，最疼她。我工作很忙，怕带不好她，所以每月拿出工资的三分之二请人带她。"

而在阿美的妈妈看来，这是不负责任，阿美的妈妈说："你外婆很偏心，儿子她就亲自带，只有我，是送到别人家养。"

阿美听到了妈妈的生气和不满。外婆是一个要求和规矩多的人，在阿美有限的记忆中，外婆对妈妈的指责也特别多，妈妈选工作，找对象，都曾经历了很多家庭风波才能如愿。

阿美常常听到外婆的指责："让你不要当工人，你不听，知道累了吧。""让你不要嫁这个男人，你不听，现在来哭！"……

外婆去世后，妈妈一边把外婆的用品烧了，一边哭诉："你一辈子都说我不好，你看你这些用的、穿的，哪样不是我买的？你还是觉得我不好，我到底哪里不好？"

这里，阿美听到了一个女儿的委屈、伤心、想念、内疚……

倾听到妈妈的成长历程，阿美忍不住哭了。原来妈妈也是那么无助！阿美好想回到过去抱抱这个委屈、愤怒、从未得到肯定的她。

阿美看到，现在的妈妈进入了"外婆式的妈妈模式"中，困在自己讨厌的命运中。她学到的对子女的爱就是严要求，把控一切细节，指责批评，不允许犯错。她不喜欢外婆的方式，却又成了和外婆一样对待子女的母亲。

这是阿美第一次把母亲当作一个普通人来体会，她看到了母亲的不易。回到那个年代，想想看，男人女人同工同酬，母亲工作也很忙，同时还要带小孩，照顾家里。

阿美带着对妈妈的理解，试着重新回到小时候的场景里。

那次丢钥匙被妈妈痛骂时，爸爸正在出差，如果钥匙丢了，家里必须换锁。对于一个老公常年出差，自己工作忙还要照顾孩子的女人来说，任何一个小事故都在增加她生活的沉重感。

也许她当时已经在濒临崩溃的边缘，阿美只是碰巧成了那根压垮骆驼的稻草，而并不是那件事真的有天大的罪。

阿美获得这个心理感觉是一个非常重要的里程碑，她明确了妈妈发脾气不是因为自己不够好。这是解除和母亲对立的重要一步。走到这一步，与父母的和解就指日可待了。这也就是为什么我们养育孩子的时候，无论当时发了多大的脾气，一定要及时告诉孩子：“妈妈发脾气，不是因为你不够好。”“妈妈发脾气，只是妈妈自己心烦，和你没关系。”“妈妈发脾气，只是针对你做的这件事，不是针对你，妈妈爱你！”

否则，孩子可能需要穷其一生来证明自己够好，或者通过征服外界来证明，或者通过不断地反驳和抗争父母的指令来证明，或者通过不断讨好权威来证明。

燕子接了母亲到北京同住，母亲帮着接送外孙女。从小到大，燕子不断地被母亲指责，现在也不例外。燕子一再忍气吞声，也得不到母亲的欢心。

无奈之下，燕子去参加了家庭系统排列课程（简称家排）。在家排现场，母亲的代表告诉燕子，她有一种说不出的烦躁，除了燕子，她没有别的地方可以倾诉，所以只能不停地跟着燕子。燕子这才发现，母亲这么多年对她的折磨，不是因为她不够好，而是因为母亲自己本身就很烦躁和痛苦，而不得不“殃及”燕子。

燕子在浩途共修了几个月之后，蓄积了一些内在的力量，逐渐能够在母亲对自己嚷叫时忍住不和她发生战争。突然有一天，在母亲发脾气的时候，燕子感觉她像一个孩子——一个不会处理情绪的孩子，在用自己的方式发泄情绪。顿时，燕子不再烦恼，也不再生气，而是静静地等着她发泄完。而母亲，也居然在发泄之后很快恢复了平静。

母亲一直很偏爱弟弟。快过年了，燕子把母亲送到弟弟家。大年初五晚上，母亲和弟弟因为一点小事吵了起来，她哭了一晚上，第二天一早赌气来到了燕子家。以前燕子会觉得母亲总是这样一点儿小事就发脾气，但这一次，燕子对母亲说：“弟弟这么说你，是挺让人不舒服的，但他也没有恶意，他只是一时控制不了自己的情绪，说话有些难听。”

母亲抬起头，用红肿的眼睛看着燕子，貌似从来没有听到过这样的话。燕子接着说：“妈，你有没有发现，我们几个都一样啊，遇到有情绪的时候，说话就会很难听。其实我们都是关心对方，只是大家都需要学会处理情绪，学会表达。”听了这话，母亲一下子平静了。

这个例子很典型，体现了与父母和解之路的几个阶段。

第一步：觉得自己够好。

第二步：看母亲如同一个孩子。

第三步：共情母亲，说出母亲的感受，主动把母亲当成一个有血有肉的人。

第四步：表达关心和爱。

坦诚沟通，真正走向和解

在自我成长途中，大多数人需要迈出这一步：鼓足勇气，尝试对父母表达自己的真实想法和感受。也许会有冲突，但心中不再畏惧，才能真正走向和解。

曾经父母是神，如造物主般伟大，弱小的我们依赖父母提供生活给养，却从来不会主动去想父母到底是什么样的人，他们渴望什么、恐惧什么。随着我们的长大和他们一天天的衰老，有一天，我们会看他们如小孩子，我们会提供给他们生存的庇护，也往往会认为他们不懂现代生活，便不屑于主动讲我们是什么样的人，我们渴望什么、恐惧什么。如此一来，在生命“出生”“入死”这两端，我们与父母之间虽容易做到彼此相爱，但彼此依然是一种物化的存在，今生虽有缘做一场父母子女，却从来没有机会看到过彼此的真面目。

《论语》说：“子游问孝，子曰：今之孝者，是谓能养，至于犬马，皆能有养，不敬，何以别乎！”孔子的学生子游问怎么做才是尽孝，孔子说：“现在人们认为的孝，是能养活父母。其实，连狗马等牲畜都能得到饲养。假如对父母不敬的话，供养父母与饲养狗马有什么区别呢？”异曲同工，这里说的就是物化关系。

要和父母发展出人性化关系，需要靠我们自己。倾听、共情父母，能让我们主动看到父母的感受，理解父母的境遇；划界限、立规则能够让我们切断对父母的抱怨和指责，活好当下的自己；我信息则能协助我们表达自己，让父母了解我们。毕竟，我们内心是那么渴望活出自己生命的绽放，同时获得父母的认同。

我的妈妈是个要强的人，上得厅堂下得厨房，在外工作出色，在家对我爸尊重体贴，对孩子们又关爱有加。我很以我妈为傲。

在四十岁之前，我每次回到家里小住，在离开的那天必然有个小环节，就是我妈将我单独叫到一个房间，关上门，对我说她经过这几天的观察觉得我可以提升和改进的地方，每次不会超过三条。

挺好，可是我又有说不出的难受。我想说我已经长大了，我不是一个完美的人，现在不是，今后也不是。可是我张不开口。

终于，在修习划界限的时候，我不断在心里演练之后，终于找了个机会，和妈妈沟通了出来。那次，妈妈提点我的是什么，我不记得了。我听完后，对妈妈说："妈妈，我觉得我已经做到最好了，您提的那些挺好的，但是我做不到，也不想逼迫自己去做。"

我的妈妈是阅历丰富、聪慧睿智之人。她立刻打住了，没有再就具体问题纠缠下去。

对我来讲，这次谈话具有历史性的意义。我能够在妈妈面前心口一致地表达自己了。仔细想想，挺有趣的，我都四十岁的人了，在社会历练中也算是出类拔萃了，可是在妈妈面前坦诚地表达自己依然有难度。

据我观察，在自我成长途中，大多数会员需要迈过这一步：鼓足勇气，尝试对父母表达自己的真实想法和感受。

第一次会特别不容易，即使是事先做好了和平和谐的准备，好多时候也会以冲突告终。有时候，年迈的父母们会特别伤心，觉得自己白养了这么一个儿女，这么掏心掏肺地对他，却只被记住和被挑剔那百分之一的不足。

也许走过冲突，才能真正走向和解。在理想状态下，儿女将那百分之一当面表达出来，就会获得全面的疗愈。把那一丝丝的灰尘掸掉，就会获得一个百分百畅通的爱的表达通道。今后等我们老了，要记得这时候的感受，给孩子们一个表达的机会。

有些会员无法张口向父母当面表达，在沙龙里多次诉说后，也可以达到同样的效果，实际上实现了叙事疗法和认知疗法结合的效果。如果你不叙述出你的故事，恐怕再伟大的心理学大师也没法帮助你。而一次次的叙述后，拂尘、拆台就悄然发生了，当你对一件事的认知发生变化时，这件事就再也不能操控你了。因为，通常伤害你的不是事情本身，而是你对事情的看法。

阿美看到她的妈妈进入了“外婆式的妈妈模式”中，虽然那不是阿美想要的。

她无法改变妈妈，所以她尝试接纳妈妈。妈妈就是有自己独特方式的妈妈，她的指责、唠叨、强势，都是她表达爱的方式。看到爱，方式就不重要了。

当阿美接纳妈妈的模式时，她反而可以将自己从那个模式中解脱出来了。

在内心中接纳妈妈，清理掉各种不满和指责，再面对妈妈的时候，即使妈妈还用旧的沟通模式，也不会再激起自己任何不良反应了。因为那里已经没有了“台”，不会再吸引浮尘了。

以前我心中有个“台”，觉得妈妈提点我就代表她认为我不够好。当听到妈妈的各种提点时，我内心会有抵抗，但又不想有冲突，所以我一般都会含糊过去，不会正面解释。反而在我内心不怕冲突后，才开始有了真正平等的沟通。

我妈妈有个疑惑，为什么浩途的孩子们不怎么叫人。她问我：“你现在专门做家庭教育，怎么龙儿还有你们这些会员的孩子们都不怎么主动喊爷爷奶奶叔叔阿姨？我和你爸爸在外面溜达，小区里的年轻妈妈带着两岁左右的孩子，都会让孩子喊爷爷奶奶的。孩子就是要教的，不教孩子怎么会懂？”

我先讲了我的忐忑：“妈妈，您这么问我的时候，我一下子不知道该怎么解释清楚我的想法。我想想。”

然后，我很认真地对妈妈说：“妈妈，您和爸爸在外面溜达，除了那些小小孩子被父母要求喊人的之外，有其他人喊你们吗？比如，有二三十岁的年轻人主动和你们打招呼吗？”

我妈妈愣了一下说：“那倒没有。不过，人家也不认识我们呀。”

我笑着说：“小小孩子也不认识你们，为什么就应该喊呢？这不是欺负小小孩子吗？在人家没有自主能力的时候，把人家当提线木偶，让人家喊爷爷人家就喊爷爷，让人家喊奶奶人家就喊奶奶。这都不是孩子自主的愿望，所以，当这些孩子长成青少年，有了自己的主见之后，他们就再也不主动喊人了。因为喊人这事和他当年被操纵的感觉相连，并不美好。”

我妈妈不确信地看着我。我继续说：“小小孩子是活在自己的世界里的，他们眼睛里可能有小猫小狗，可能真的没看到大人。我更愿意孩子做真实的自己。我们大人眼睛里先看到孩子这个人，和孩子打招呼，慢慢地孩子便能看到大人，和大人打招呼了。”

我揽着妈妈的肩说：“就像您给我讲的好多往事，您作为上司不是也先看到下属的需求，爱护他们，他们才心悦诚服愿意跟随和效仿吗？这和带孩子一个道理。”

“哦，有道理。”妈妈终于认可了。

如前所述，我很崇拜我的妈妈，我们的关系也相当好。即便这样，我也需要付出努力才能让内心和妈妈的能量完全接通。再加上听过看过上千人的分享，我相信，每一个人长大后，都需要着意疏通与上一代爱的通道，都需要与父母有个深度的和解。

在这个沟通中，在真实真诚的前提下，我做到了两点：

1. 承认自己的软弱。例如，我不知道能不能解释清楚。

2. 承认对方的价值。例如，就像您给我讲的好多事。

接纳自己才能接纳父母

接纳自己是接纳一切的源头。“我足够好”是我看别人足够好的基础。我允许自己作为一个人，充分地体会生命的多姿多彩。所以，我愿意引发和支持更多的人拥有对自己的全然接纳。

能把父母当普通人看待，就能把自己当普通人看待了。千万别以为自己当了父母，就成了神一样的存在。我听到过不同年龄段孩子父母的各种自责：“我怎么就让他磕着了呢？”“我怎么就让他拉肚子了呢？”“我怎么就没给他选个更好的学校呢？”天哪，太不把自己当人看了，你以为你是谁呀？

高考第一天，下了小雨。

薇妈和好多家长一样，举着伞在校门外等着。

考试完，接女儿回家，薇妈看到女儿的脸色很差，才知道女儿闹肚子了。因为穿得有些少，她进考场后紧张，想拉肚子，举手出来上了两趟厕所，这打乱了她考试的节奏。

女儿沮丧地说考得不理想。

回到家，女儿关上门继续看书准备第二天的考试。

薇妈却开始不停地自责：“人生这么关键的时刻，孩子就这最后一哆嗦，我怎么就没提醒她多穿点儿，怎么就没预先给她吃点儿提高免疫力的药，怎么就……”

每个人都有局限性，不管怎样尽心尽力，我们都会犯错。

比如，溪爸想锻炼六岁女儿的表达能力，暑假便带她去参加讲故事比赛。准备了三周，在家里表现还可以。结果到了现场，溪溪非常紧张，最终没有登台。也许这次经历对孩子就有伤害呢，也许当溪溪长到三十六岁的时候会捡起一个记忆的碎片，伤心地说："就是那次之后，我对自己的表达能力彻底失去了信心。"

比如：珊珊特别爱画画，先是各种线条，后来又是各种水彩。有一天，她居然画到了家里的墙壁上。珊珊妈没控制住，向珊珊大吼一通。也许当珊珊长大成家后，有了自己的孩子，某一天她会突然向自己的孩子大吼一通。她会看到，原来这是记忆的表达，当年那个没法反抗的自己现在跑出来报复来了。

就算我们现在如此认真地学习和修正自己，我们百分之一百还会犯错，还会有做得不到位的地方，还会对孩子造成这样或者那样的伤害。

记得龙儿六岁那年，我送他去参加了一个夏令营。这个夏令营由我认识并信赖的一位教育专家亲自策划和带领，满六岁才可以报名的。我很庆幸龙儿刚好够资格。

那是一个以侦探为主题的夏令营。我猜想男孩子都会很喜欢。

老师每天发回简报，说龙儿在营地表现很好，具有团队合作精神，哥哥姐姐们都很喜欢他。

夏令营结束后，龙儿回到家倒头就睡，可见累坏了，体力、心力都需要时间恢复。

第二天我才逮到机会问他："夏令营好玩吗？以后还想去吗？"他说："我不想再去了。太吓人了。"

"哦？"我很吃惊。他答："刚去就看见一个死人，满地的血，然后就是找线索破案。那个死人好可怕，和我一屋的人都不敢关灯睡觉。"

我说："那个死人不是真的吧？"他答："塑料做的，不过特别像真的，吓死人了！”

我心里马上就后悔了，觉得这个刺激对他来讲太大了。

就算我认识针对孩子各个年龄段的教育专家，依然不能保证每一刻都喂养给孩子恰当的给养。

有位教育界的朋友，看了排名前五百位的育儿书籍，然后立志要做一个 APP，针对各种育儿问题给出标准答案，方便年轻的父母们有效育儿。我听了一笑，育儿中遇到的每个问题真的有标准答案吗？

我反而清晰地认识到，养育孩子就如同用手去拿一个锃光瓦亮的玻璃杯，手一碰就把指纹印上去了，不管怎么小心，都会污损这个玻璃杯。

想透了这一点，我便完全不纠结了。我就是一个普通的不能再普通的妈妈，我接纳自己的局限性以及无知、无能。当我体悟到这点时，接纳力便在这一刻扎扎实实地落地生根了！我可以完全不按某一种要求和条件去接收和理解一个人了。

我受邀去做一场百人讲座，在现场我和听众的互动没有达到预想的效果，没有那种心和心的连接感。讲座完后，我申请开个总结会，请同去的浩途会员们给我反馈，我想知道他们作为听众的真实感受。

大家很真诚，有人说：“你讲得太深，听众拿不到方法。”有人说：“你用的龙儿的例子太多，让人觉得那是你的育儿方法和经验，这里又不是北京，教育环境完全不同，我们又不能拷贝。”有人说：“你今天不在状态，你看你在北京讲的时候，那么多听众都在台下抹眼泪了。可是今天讲的时候，同样的例子讲得一点儿也不生动……”

我一一点头收下这些反馈，然后心情大好，总结会后就和大家一起喝酒吃饭去了。

饭局中，有个会员疑惑地问我，“刚才大家给的都是负面反馈，为什么你还这么乐呵呵的？”

我说：“一是因为我实事求是，我口言我心。我第一次到这座城市做讲座，很想从大家那里得知听众的真实感受，大家给的确实是我想要的，我的需求被满足了，所以我很开心。二是我心里没有了‘我不够好’这个‘台’，怎样的评价我都接得住。一场讲座做得不够好，下次改进就是了，又不代表我不够好。”

接纳自己是接纳一切的源头。“我足够好”是我看别人足够好的基础。我允许自己作为一个人，充分地体会生命的多姿多彩。所以，我愿意引发和支持更多的人拥有对自己的全然接纳。下面是学员阿蓝，在参加了我研发并执导的界限工作坊后，有感而发写的小诗，题目是《我可以》。

我可以紧张，也可以放松，都是可以的。

我可以平凡，也可以绽放，都是可以的。

我可以关注别人，也可以专注自己，都是可以的。

我可以独来独往，也可以融入人群，都是可以的。

我可以大声地哭，也可以放声地笑，都是可以的。

我可以把事做好，也可以弄得一团糟，都是可以的。

我可以面面俱到，也可以自私自利，都是可以的。

我可以坚强，也可以软弱，都是可以的。

我可以沉默，也可以歌唱，都是可以的。

我可以静立，也可以舞蹈，都是可以的。

我可以亲和，也可以冷漠，都是可以的。

我可以很沉闷，也可以很活泼，都是可以的。

我可以谦卑，也可以骄傲，都是可以的。

我可以跟从，也可以引领，都是可以的。

都是可以的。

我做什么，或者不做什么，都是可以的。

我做，是我选择做。

当我们给予自己这样的允许时，我们就有能力将同样的允许给孩子、爱人、父母了。神奇的是，当我们给予一份允许和接纳的时候，爱人和父母也不与我们较劲了。孩子自己也能在体验过两端后，找到适合现实原则又遵循内心的处事方式了。

体验接纳的力量

接纳是一种力量，如同大地对万物的接纳，能够让万物按照自己的节奏去成长。当我们拥有接纳力时，便能够让孩子感受到他们足够好，有能力做他们想做的事情。

允许孩子按自己的节奏成长

家庭教育，以接纳为本。接纳孩子，也接纳自己。没有不犯错的父母，就算我们再谨慎，也还是会犯错。自责没有用，接纳反而会让自己更快想到积极的解决方案。

经成千上万的父母们验证，倾听、共情、划界限、立规则、我信息，每一步扎实走过，就可以获得接纳力。这种接纳不是放纵，不是宠溺，不是忍受，而是对生命历程的一种了然。

我看过《灯塔之家》这本书，虽然是童书，却彰显了什么是接纳力。

两个小鼠娃（丁冬和丁香）去森林探险，按照爸爸（海无畏）的要求带了指南针。他们在半路却搞丢了指南针，迷路了。

丁香道："海无畏从来不会对我们失望。"

这倒是真的。海无畏什么错误都能理解。

丁冬说："反正，我真希望我没有弄丢指南针。"

这就是接纳力！孩子在父母看不到的地方还能想象父母给予的正面反馈，并从中获得面对困难的力量，觉得父母给予的是支持、理解，而不是指责、谩骂。这是弥足珍贵的！如果有一天孩子能在背后这样去看待我们，就说明我们获得了接纳力。

四岁的乐乐大喊着："快看，是123路公交车！"

六岁的小恒往车窗外一看说："明明是321路嘛。"

十一岁的龙儿瞄了一眼说："嗯，是321路。"

四岁的乐乐不服气，坚持道："就是123路！"

龙儿淡然一笑，没吭声。小恒嘟囔了一句“明明是321路”，也不再反驳乐乐了。

大孩子知道自己比小孩子懂得多，不用证明什么，淡然一笑，代表了一种了然和接纳。我们成人比孩子早到这世界二三十年，“对什么错误都能理解”才是我们应有的境界。

孩子需要通过体验来建构自我。我们的接纳能让孩子安心，当孩子不用反复向父母求证自己足够好时，就可以专心体验外部世界了。

记得龙儿三岁时，我带他排队等候乘地铁，他的身体很放松，没有丝毫向前冲的意思。

因为他在幼儿园里，排队等着滑滑梯就是这样子的，没有人用身体靠着身体去排队，彼此都知道谁是先来谁是后到的。即使你蹲在旁边玩沙子，该轮到你了，你会自觉地站起来去滑滑梯，大家都心领神会，这是一种平静中的秩序，含着彼此对其他人的感知和理解。

有一次，地铁列车进站，我和儿子排队在第一位，门刚打开，下车的人尚在陆续下车。忽然从我们背后窜出来一个人，瞬间挤上了列车。儿子下意识地一躲，然后疑惑地问我：“妈妈，为什么他不排队？”

我清了清嗓子，开始组织语言：“嗯，他可能想抢个座位吧。”

儿子接着问：“为什么要抢？”

“嗯，你知道，中国人口众多、资源有些紧张，所以，为了获得一些资源，就需要抢吧。也许他太需要一个座位了。”我尽力解释。

儿子若有所思……

不知道从哪一天开始，儿子排队的时候开始身体前倾、紧绷着，随时准备冲进去；不知道从哪一天开始，儿子会抢座位了。

在浩途的共修，让我知道这些体验都是很宝贵的，也让我有能力做到，只是静静地陪伴着他经历着。

这一天，我和五岁的儿子已经登上了地铁列车，我俩站着，快到下一站了。

儿子悄声对我说：“妈妈，你看那个人把手机装包里了，他肯定要下车，你去站在他身边。你看那儿还有一个阿姨，已经把包背起来了，我去抢那个位置。”

上下车的人带来一阵躁动，之后，我看到儿子已经坐下了。我走在他身边站着。他悄声埋怨我说：“你怎么不去抢那个位置？你看我说对了，他下车了。”

我淡然一笑说：“我选择不抢。”儿子讶异地看我一眼说：“为什么？”我说：“我不累，不需要坐。”

我想起两年前我向他灌输了中国人口众多、资源匮乏的观念，便继续说道：“如果每个人准确地知道自己的需要，拿自己所需要的资源，资源是足够的。我不打算因为资源的有限而去抢，我选择遵从我的需要去使用资源。”

儿子若有所思……

五岁的男孩子哪里需要座位呀！坐一小会儿，他便坐不住了，他仰着小脸对我说：“妈妈，你替我坐会儿，帮我占下位置。”

我便依言坐下了，顺便笑着说了句：“你占有了一个资源，这个资源便也占有了你。你看，你还得找我来帮你坐在位置上。”

当儿子六岁时，拥有了一份成熟和淡定。他可以很放松地等车，在别人抢先时，他会很淡然地说“他可能很需要有个座位吧”，也可以很智慧地在我累了时帮助我搞定一个座位。

他已经明白，大多数时候他更喜欢在车厢两端，看司机驾驶、看各种仪表盘的数据，而不是需要一个座位。

从儿子的成长中，我体悟到：尽情地体验事物的两端，便是自由；在体验了充分的自由之后，基于自己内心的需求做出的选择，便是一份成熟；带着这份成熟，自在地做自己，那便是绽放了！

接纳是一种力量，如同大地对万物的接纳，能够让万物按照自己的节奏去成长。当我们拥有接纳力时，便能够让孩子感受到他们足够好，有能力做他们想做的事情。

有一位国际著名的教育专家来华做培训，参加培训的既有教师也有家长。在培训现场，有人提问时，这位专家会问："请问您是老师还是父母？"如果你答"是父母"，专家便会说："放轻松些，每个年龄段孩子该用什么方式教学是老师需要知道的事情，作为父母，只需要给孩子提供一个和谐、接纳的家。"

我听了这样的回答，觉得特别心安。家庭教育，以接纳为本。接纳孩子，也接纳自己。没有不犯错的父母，就算我们再谨慎，也还是会犯错。自责没有用，接纳反而会让自己更快想到积极的解决方案。比如，送六岁的龙儿去夏令营之后，我发现对他有些揠苗助长了，我赶紧进行了之后的梳理。

我先是倾听、共情，协助龙儿释放情绪。我说："哦，第一天就见到流着血的死人，真的有些吓人呢。"

然后我欣赏他："你是里面最小的，我听说你为团队破案做了很大贡献呢。"他转而有些自豪地说："嗯！凶手的凶器藏在很高的吊灯里，他们举起我来，我够到的！还有……"他越讲越兴奋。

最后我植入了一些关于夏令营的正面信息。我说："你们这个夏令营是以侦探为主题，以后我们可以尝试其他夏令营，有什么篮球夏令营、棒球夏令营之类的……你觉得下一次你会想去什么样的夏令营呢？”

……

总之，为人父母，有一份爱和责任心，看到好的资源便按捺不住想提供给孩子，有时候恰到好处，有时候难免就过了火候。我们不能也不用保证不犯错，接纳自己同时做好善后工作就可以了。也就是说，不管孩子有怎样的经历，我们都可以协助他吸收到滋养，让他体验到自己足够好，别人也足够好，这个世界对他都是友善的。

以孩子为师，重塑自我

养育孩子，是一个养育自己的过程。为了孩子一生的幸福，我们不停地折腾自己，当做到对孩子接纳时，我们会惊喜地发现对自己也接纳了。

按照弗洛伊德本我、自我、超我的理论，本我为与生俱来的，人的婴幼儿时期，也是本我表现最突出的时候；超我是父亲形象与文化规范的符号内化，超我倾向于站在本我原始渴望的反对立场；自我则本着现实原则对自我、超我、外界环境进行调节，最终行使“我”的意志。

在和孩子共同成长的过程中，我体悟到孩子在教我们重新认识本我，我们在教孩子如何认识他所处世界的文化规范。如果我们和孩子能够教学互长，将既有助于孩子建构自我，又有助于我们清理内在碎片，重塑自我。

浩途十二主题前面五个，倾听、共情、划界限、立规则、我信息，重在协助我们自己清理内在碎片，并保护孩子成长的空间，允许孩子慢慢建构自我。

孩子一旦建构好自我，就会在符合人性自然法则的发展道路上不断前行。孩子的这种力量笃定而持续，不以父母的意志为转移，会保护孩子以一种无论如何的坚韧性活出他生命的本然。在生命的成长道路上，孩子将后发先至，我们越早以孩子为师，将越有可能搭上孩子成长这辆顺风车，尽快实现对自我的超越。

有一位妈妈在我微信公众号的后台留言，问：“四岁男孩顽皮，我快要失去耐心了，该怎么教育呢？”

我答：“放下教育，以孩子为师吧。”以孩子为师，代表将视角转换为孩子是老师，我是学生。

“四岁男孩顽皮，我快要失去耐心了。”这是一个特别好的句式，直接提示这位妈妈现在该上的主题课是耐心。

“哦，原来四岁男孩这位‘老师’是在教我什么是耐心！”这样想的时候，你心中会不会觉得比较有趣？通常我这样想的时候，便不再想全力阻止孩子的顽皮，而是将力量收归自身，聚焦于我该如何应对了。不就是考验我的耐心吗，我才不会被他考倒，我肯定平心静气地和他说话。

孩子作为我们的贴身老师，每天都会给我们布置作业。做个好学生，麻溜溜地做完家庭作业，亲子关系会越来越好。

龙儿不到四岁的时候，刚学会打扑克牌，每天到了固定的时间我们就会陪他打牌。可是这一天，家里来了很多亲戚，闹闹哄哄的。龙儿在牌桌那儿等了又等，拿着扑克牌眼巴巴地看着大人们走过，不时地还有人顺手摸他一下头。更惨的是，他二十岁的哥哥路过顺手抢了他的扑克牌，还戏谑地说：“没人顾得上和你玩。别拿着了！”这下惹得龙儿大哭起来，脸憋得通红，双手紧握桌角要把桌子掀翻似的。

亲友们看着龙儿，摇头叹气说：“这孩子气性大的！”

身为妈妈，我一看“老师”布置功课了，随即明白这堂课的主题是“共情”，我需要理解情境和当事人的感受。我马上麻溜溜地跑到“老师”面前，蹲下，单手揽抱着龙儿说：“你一直在等着有人来陪你玩扑克，可是今天一直没人陪你，而且哥哥还抢了你的扑克牌，你都快气死了，是吧？”龙儿哭声骤减，用力点了下头。

我双手拥抱了下龙儿说：“妈妈知道你等了很久了，平常这个时间都已经开玩好久了，你等得都特别着急了。”龙儿再次在呜咽中点点头。

我继续说：“走，咱们一起去问问看都有谁想玩牌，好不？”龙儿立刻不哭了，从椅子上滑下来，和我拉着手，一起走到每个人面前征求意见：“你现在想玩牌吗？”

很快，事态平息，家里回归和谐氛围。

这些年来，以孩子为师，勤学苦练下来，竟然发现教学相长。我做到的，我老师也都做到了，当年我怎样对待他，现在他便在怎样对待我。当然他比我段位高，我需要刻意地共情，而他会润物细无声地共情。

一旦我们明白了这个道理，那就搭上顺风车了，成长会以几何级的速率实现。有位浩途会员，在当地因为自家孩子带得好，被旁人羡慕。她坦然说:“你家孩子放我家，也会马上这么好。我家孩子放你家，也马上会变成你家孩子那样。关键是你肯不肯以孩子为师，修炼自己。”

如果你在抱怨孩子不听话，说明你该练习倾听了。

如果你在抱怨孩子不体谅大人，说明你该练习共情了。

如果你在抱怨孩子不主动完成作业，说明你该练习划界限了。

如果你在抱怨孩子一天到晚只玩 iPad，说明你该练习立规则了。

如果你在抱怨孩子出口伤人，简直养了一个白眼狼，说明你该练习我信息了。

……

以孩子为师，背后有一份相信，就是相信孩子是来成就我们的，是为了让我们的生命更加完整。有了这份相信，我们便能心甘情愿地跟上孩子成长的步伐了。

以孩子为师要先意识到这两点：

1. 孩子这位老师布置的功课，肯定在我们指责他挑剔他的话语中有所体现。

2. 育儿先育己，应该将焦点回归自身，让自己先成长。

之前的很多例子都可以以这个视角来解读。

宝妈终于怒了，朝着大宝的屁股打了几巴掌。大宝大哭着松手了，同时大声抗争着："妈妈打人了！打人需要去门外思过！"宝妈怒气冲冲地瞪着大宝吼道："你搂着弟弟不松手，他很害怕，你这样算两倍的打人，你更要去门外思过！"

这时候宝妈从大宝的眼中看到一丝恐惧闪过，好熟悉，却又想不起来在哪里见过。

这个案例中，宝妈需要练习的是倾听和共情。因为她觉得孩子不听话，不体谅大人。而当她认真去做功课的时候，看到了恐惧的孩子面对着愤怒的妈妈，正是她小时候的情景再现。她决定中断这种循环。所以，再碰到大宝抱着小宝不撒手的时候，她开始以接纳的心态来面对，便创造了大宝小宝完全不同的体验。

接下来的一个早晨，大宝上学早早地起床了，来到客厅大嚷了几声，小宝被吵醒了。

宝妈没有像往常一样指责大宝为什么那么大声。宝妈知道，其实大宝就是想叫醒弟弟。

然后大宝凑过去想抱小宝。

宝妈用鼓励的眼光看着小宝说："哥哥想抱抱弟弟！"小宝没有像往常一样跑开，而是静静地等着哥哥抱，大宝低下头，两个孩子相视而笑。

宝妈对大宝说："现在把弟弟放下来吧，要不他该哭了。"小宝听了居然"哼哼"了一句表示不想下来。

大宝没有像往常那样将弟弟勒得很紧或是重重地放下，而是轻轻地放了下来，还高兴地说了好几遍："刚才我抱弟弟，弟弟都不愿意下来了。"

宝妈能听出大宝的喜悦，也听到了自己的喜悦。她突然意识到自己放松了，孩子也就放松了。

确实，我们以接纳力成就了孩子的幸福力，孩子便会如开路先锋一般引领我们到达幸福的彼岸！浩途十二主题后面七个，信任、欣赏、尊重、合作、自律、感染、接纳，重在以孩子为师，重塑自我，让我们和孩子相得益彰，各自活出自己生命的绽放。

我曾经是一个霸气干练的职场女汉子，信奉“谁说女子不如男”，虽说很早便知道家是一个讲爱的地方，不是讲理的地方。但这句话通常是我用来要求老公的，从来没想过要以此自我要求。

当我允许儿子这样自由地体验事物的两端时，我很自然地习得了一个新的视角看待老公。他所经历的可能是我没有经历过的事物的某一端，他的论点自然有他的理由，他在补足我对生活理解的不全面……

因为这份感恩和接纳，我会很好奇地、充满兴趣地凝视着我老公，后来扩展到对所有家人和所有人。我开始放空了自己去听他们说话，才发现原来每句话真的都是很值得听的。在我身边发生的一切都和我有关，都是来成就我的生命走向完整的。

然后，不知道从哪一天开始，家里鲜有争执的声音了，温暖、和谐、充满爱的味道开始溢满家里的各个角落。幸福原来是这样的感觉，每天早上起来，我的嘴角都带着淡淡的微笑，似乎人这一辈子本来就该这样度过。

一切都是值得的！

养育孩子，是一个养育自己的过程。为了孩子一生的幸福，我们不停地折腾自己。当做到对孩子接纳时，我们会惊喜地发现对自己也接纳了。真相是，一个人不可能在无条件接纳自己之前做到无条件接纳别人。

感恩孩子，给了我们成长的动力。当我们接纳了自己，也就具备了把别人当人看的能力。

对自己说是，享受生命的礼物

“我很好”是成就我们和孩子幸福力和接纳力的源头。

我们的接纳力成就了孩子的幸福力，也成就了自己的幸福力。接纳力和幸福力的结合点在于觉得自己“足够好”。一旦我们觉得自己足够好，不以外界的任何评判为自我价值的衡量标准，就可以接受事情做得有好有坏。这次有错，下次改正，因为事错了，不代表人错了；我们可以做到接受孩子的一切感受，同时可以对孩子的行为说“不”，因为越接纳这个人，越有力量对某些行为不接受，那种坦荡代表着对人的尊重。

“我很好”是成就我们和孩子幸福力、接纳力的源头。

有一本书叫《对生命说是》，也谈到首先是要对自己说是。这里我想用一个完整的生命故事来陈述，不管生活多么艰辛，我们都可以有力量对自己的生命说是。

毅的父亲去世早，寡母将他一手拉扯大，他深深地被“百善孝为先”捆绑，一直不敢说出自己对母亲的怨恨。

他对母亲的感觉就是，控制、暴力、利用，他自己毫无安全感。小的时候非常羡慕那些被妈妈牵着手走路，脸上带着开心幸福的小孩。可是不知为什么，就像老天在故意作对，每当他也想露出那样的笑脸去面对母亲的时候，都会有不好的事情发生。

他感觉自己就像被圈养的牲口一样，主人高兴的时候就会给你点吃的，不高兴的时候就会找理由非打即骂。他的内心充满了痛苦、仇恨、报复情绪。

毅的儿子上小学二年级就不肯去学校了。毅为了拯救自己的儿子，开始停薪留职，打探各种新式教育，带着孩子去体验，只要孩子露出笑脸，他便在旁边租个小屋陪读。他陪伴儿子做心理咨询，一周去一次坚持了半年。最终，所有的声音都在告诉他："你需要自我疗愈，只有你好了，孩子才能好。"

毅很努力。他去上各种课程，老师说了："要对孩子放下期待。"老师说了："要宽恕母亲。"老师说了："要接纳自己。"

……

毅不知道为什么，今天还是对儿子发了脾气，说起来是一件再小不过的事情。毅去这个以国学为主的私立校接九岁的儿子放学，出校门的时候，毅见到每个老师都会深深地鞠躬，老师们也回礼。有一次，毅的儿子没有跟着毅向老师鞠躬，毅便怒了。出了校门，他就控制不住地狠狠掐了儿子胳膊一下，愤愤地说："老师都鞠躬了，你不鞠躬？"

毅不知道该怎么自处，一边是"我应该"的各种声音，来自教育专家、心灵导师的谆谆教诲，一边是"我怎么又"的各种声音。他发现自己越来越像他的母亲。在自责和批判声中，毅觉得越来越乏力，知道却做不到，知道的越多，做不到的也就越多。他要崩溃了！

第一次在浩途见到毅，我能够强烈地感受到他在求认同、求关注。他的整个身体语言都在说："求你看到我，求你肯定我。"沙龙中好多会员下意识地把注意力投给了毅，就好像水自然向低洼地流去。

他就像所有刚刚踏上自我成长之路的亲，刚起步，就想让自己达到完美的境界。那天，我被邀请做点评人。我说看到了他的努力，听到了他对自己的苛责，我能够感受到他有一种迫切的心情，他在强求自己去忘掉仇恨、害怕、紧张、暴力，希望自己内心是平和的、接纳的、宽恕的。而这种压力会给他自己带来更深的无措感。

我对他说，不要着急，允许自己倾诉，允许自己怨恨，把恨宣泄出来，才能腾出空间来装爱，慢慢来，慢就是快。已经行走在自我成长的道上，只要持续地走，终究会走到彼岸的。

毅当时很受鼓励。之后，他开始用私信找我，寻求更进一步的支持。就像一些新进会员一样，找到一个温暖、安全的地方，又不敢确信，需要以自己的更弱来维系更多的关注。我拒绝了毅进一步的索求，因为我相信当他把力量都收回自身的时候，他会收获属于他的生命绽放！

我回应他："每个人都是独一无二的存在。请相信这一点！你的生命是珍贵的，唯一的。所以你母亲的存在，肯定是来成就你的，她要教会你学懂什么。她可能用了暴力欺骗的手段，但其中对你的礼物是什么呢？静下心来去听一听，或许你会找到对你生命的意义。"

你是独一无二的存在！一定是你值得，才会有这么一个人如此地折磨你，只为了让你体悟到一些什么。

毅终于安心下来，开始静下心来面对自己。他开始允许自己将所有的怨恨在沙龙中倾诉出来，或者在独处时写下来。每次分享，他都会哽咽，每次写作，他都会流泪。眼泪是对心灵的洗刷。他一点点清亮了起来。他的儿子就读于一个私立学校，性格也越来越沉静、平和。

一年后的一天，是毅做公益分享的日子，他分享的题目是《倾听——遇见真实的自己》。他经历了一年的主题共修，整个人从内向外散发着光彩。我坐在听众席上，欣喜地注视着他，听他回答听众的问题。这些话是他送给听众的：

"对生命说是，接纳来到你生命中的每一件事、每一个人！一切的发生，都是因为你值得！"

当时听到他的分享，我泪奔了！我又看到一个生命的绽放！

幸福、接纳、爱，是这本书的主旋律，你今天能看到它，经历一场心灵之旅，是因为你值得！我们可以做到的，你也可以做到！

对生命说是，尽情享受生命相遇带来的礼物吧。把深深的祝福给你！因为爱你，如同爱我自己！

后 记

浩途是一条父母自我教育、自助成长之路，这本书展现了十年间走在这条路上的父母们成长的足迹。

我作为领头羊，闷头践行在这条路上，不觉其苦，因为我的心灵收获了难以言表的自由、丰盛、喜悦和升华。感恩张毅、王巧玲、安娜等核心团队成员的鼎力支持和携手相伴。我们自得其乐地付出和创造着，成就着彼此的生命。

让我没想到的是，本书得到两位致力于自我教育研究多年、年近八十岁的老教授的嘉许。冉乃彦教授对我说："家长应该是家庭教育研究的主人。"贺乐凡教授鼓励我说："就是要敢为人先。"

贺教授致力于研究学校教育中学生的自我教育，他充满激情地向我展示了温家宝总理曾做的批示："教是为了不教。"我看到温总理的笔迹很受触动，如果从中央到民间，我们都相信并去努力激发每个人的自我教育能力，中国必将成为内在强大的强国！

浩途只是用了一套有效的机制，做了一点事情，创造了一个温暖、安全、和谐的氛围，成就了一定数量的父母们走向生命的绽放。

同样没想到的是，中国妇女发展基金会心灵家园基金创始人姚越明确表态愿意助力浩途模式的公益推广，让更多人能够享受到这一套有效的自助成长机制。

看来，这本书的出版将是蝴蝶效应的开始，浩途不仅会成就我、我的核心团队，以及浩途成千上万的会员们，还将成就更多更多的人们……

因为每个人心中都有类似的愿景：

让我们的孩子成熟、自由、绽放于爱与善良之中！

让我们的家庭成为温暖、和谐、充满爱的归宿！

海文颖

2016 年 1 月 3 日